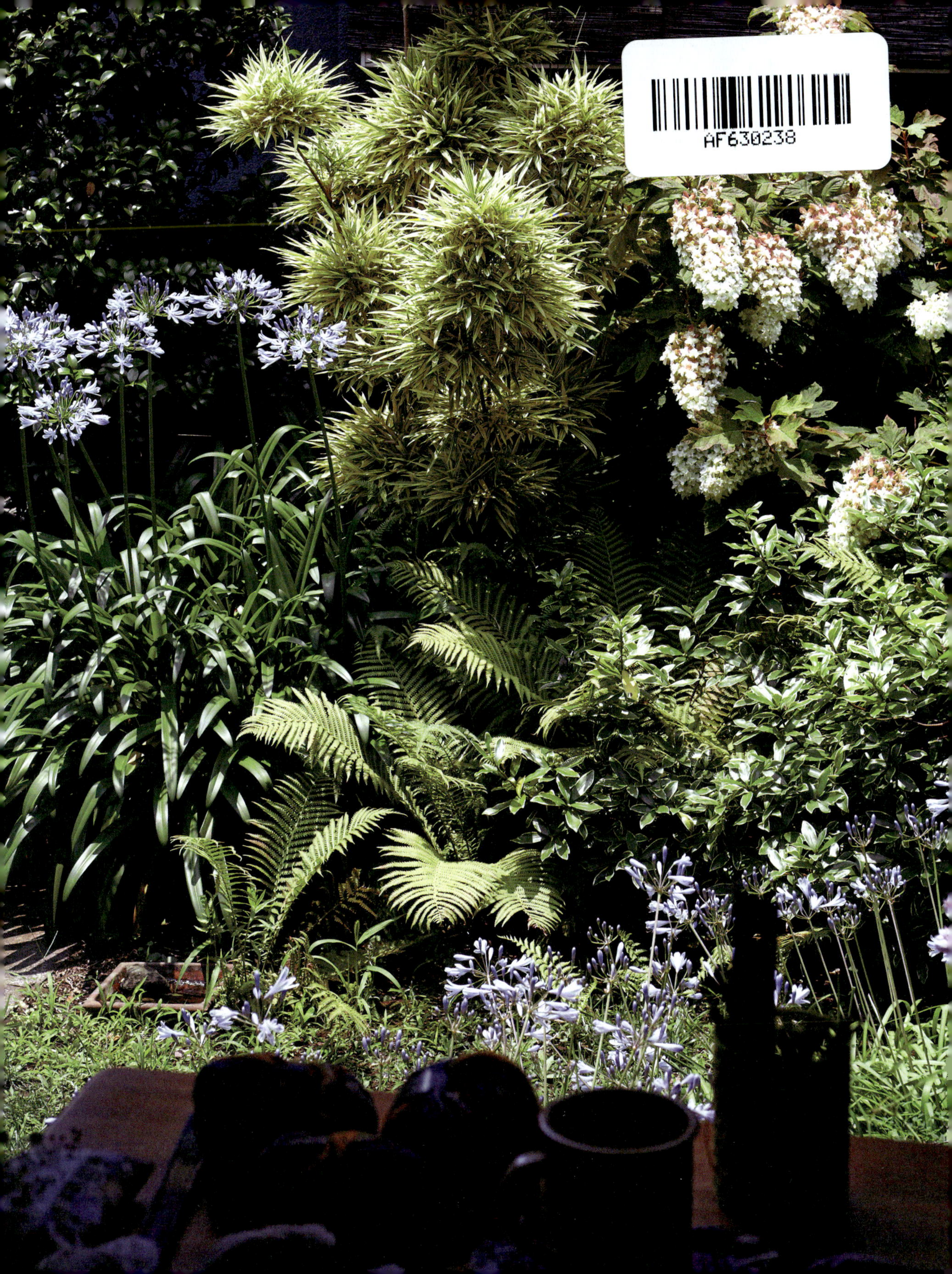

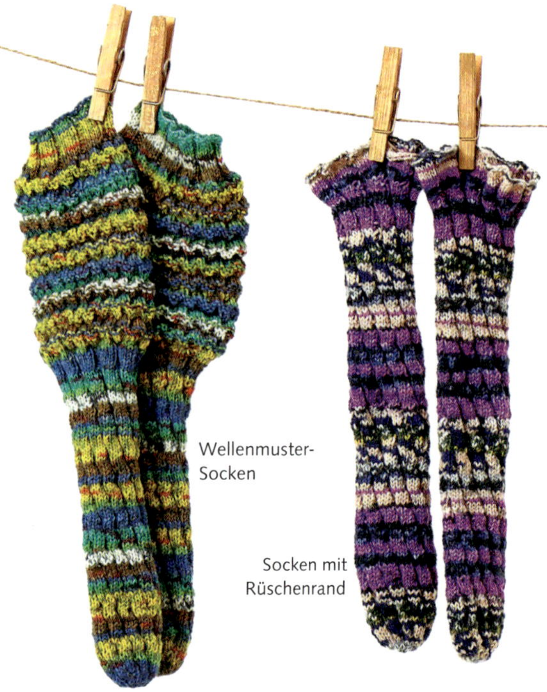

Inhalt

Einfach gestrickte Socken für jedermann:
eine hundertjährige Tradition 7

Erste Versuche mit Sockenwolle 9

Die richtigen Stricknadeln zum Sockenstricken 11

Einfache Spiralsocken
– Grundmuster für Spiralsocken 14
– Elastische Anschlagmaschen 16

Maschen im Zehenteil zusammenziehen 17

Socken mit Rollrand 21
Einfacher Rollrand aus rechten Maschen

Akkordeon-Socken 25
Wechsel von rechts und links gestrickten Runden

Socken mit Rüschenrand 29
Wunderschön gekräuseltes Rüschenmuster

Wellenmuster-Socken 33
Originelles Design, das gedehnt und geschoppt schön aussieht

Socken mit Zopfmusterbündchen 37
Klassisches Standardmuster für Herren- und Damensocken

Übersocken 39
Die idealen Warmhalter

Rautensocken 41
Dreidimensionales Zickzackmuster

Socken mit Spitzenmuster 43
Mit einfachem Spitzenmuster aufpeppen

Schachbrett-Socken 45
Simples, elastisches Abhebemuster, das die Knöchel warm hält

Stachelsocken 49
Stulpen im Ananasmuster für extralange Stiefelsocken

Noro-Socken und Noro-Mütze 51
Charakteristischer Farbverlauf

Streifensocken und Streifenmütze 53
Mütze und Socken für Kinder und Erwachsene

Bernd Kestler

Spiralsocken

36 Strick-Projekte für alle Größen

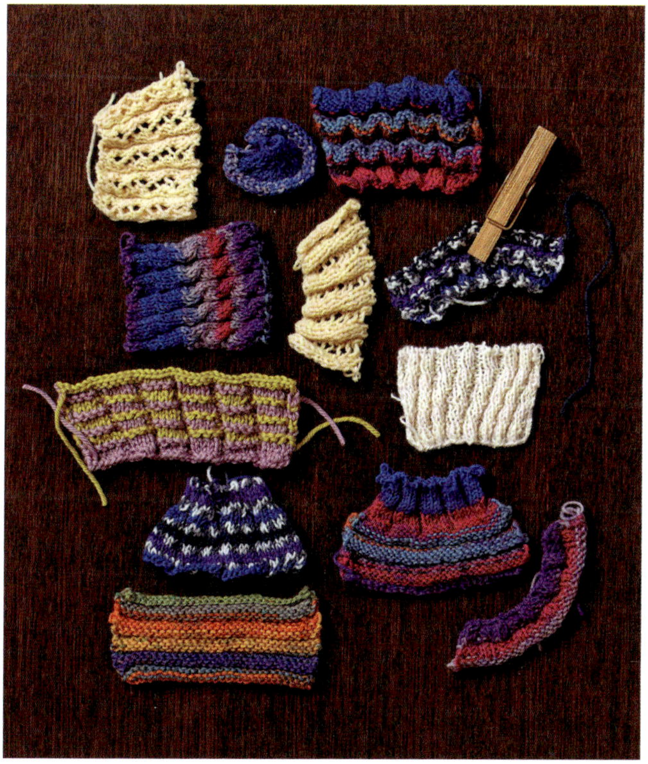

stiebner

Spiky Socks

Stachelsocken

Noro Socks

Noro-Socken

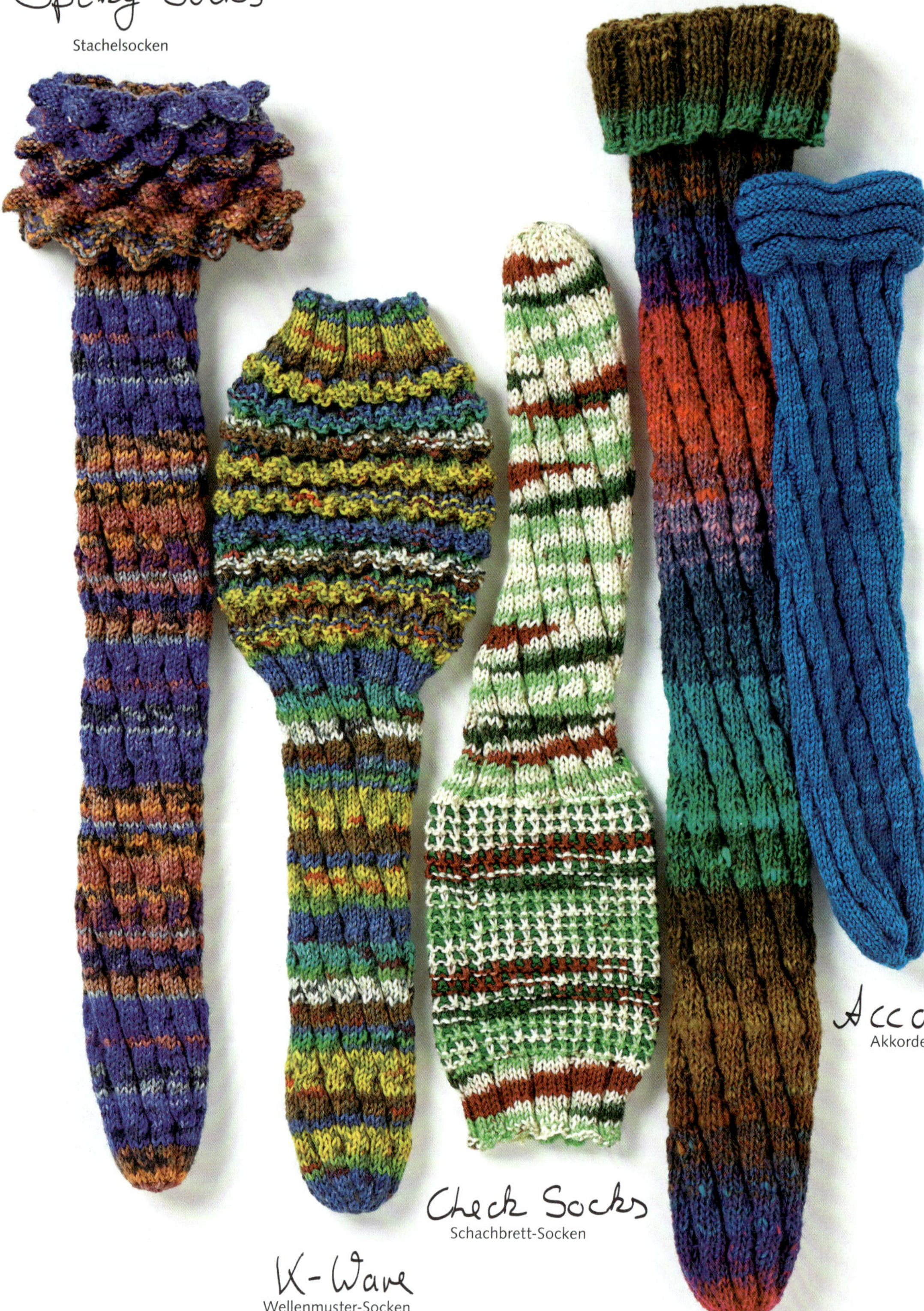

Accordion

Akkordeon-Socken

Check Socks

Schachbrett-Socken

K-Wave

Wellenmuster-Socken

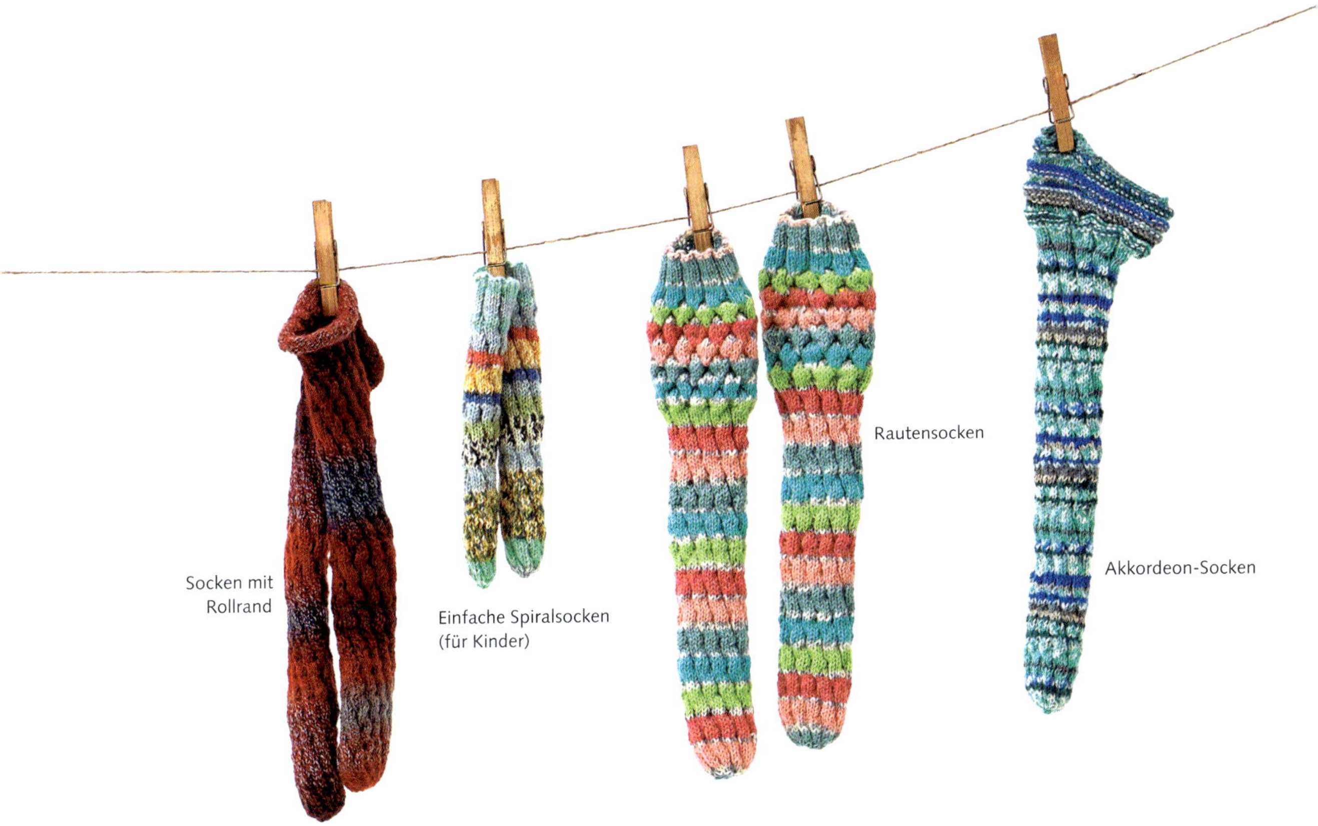

Anleitung: Bommeln 54
Wollreste hübsch verarbeitet

Anleitung: Blütenborte 55
Niedliche Blütenborte

Socken mit Blütenborte 57
Sockenvariante mit Borte aus Wollrest

Armstulpen und Socken aus Bio-Baumwolle 59
Sonnenschutz aus dünner Baumwolle

Kordelrand aus drei Maschen 60

Golfschlägerhülle 62

Für ganz besondere Sockenpaare: der Zauberball von Schoppel 63

Spiralsocken, die es nur einmal gibt 65

Die Begegnung mit dem Stricken
und wie es zu meinem Lebensinhalt wurde 66

Anleitungen: Legendensymbole 74

Bezugsquellen 79

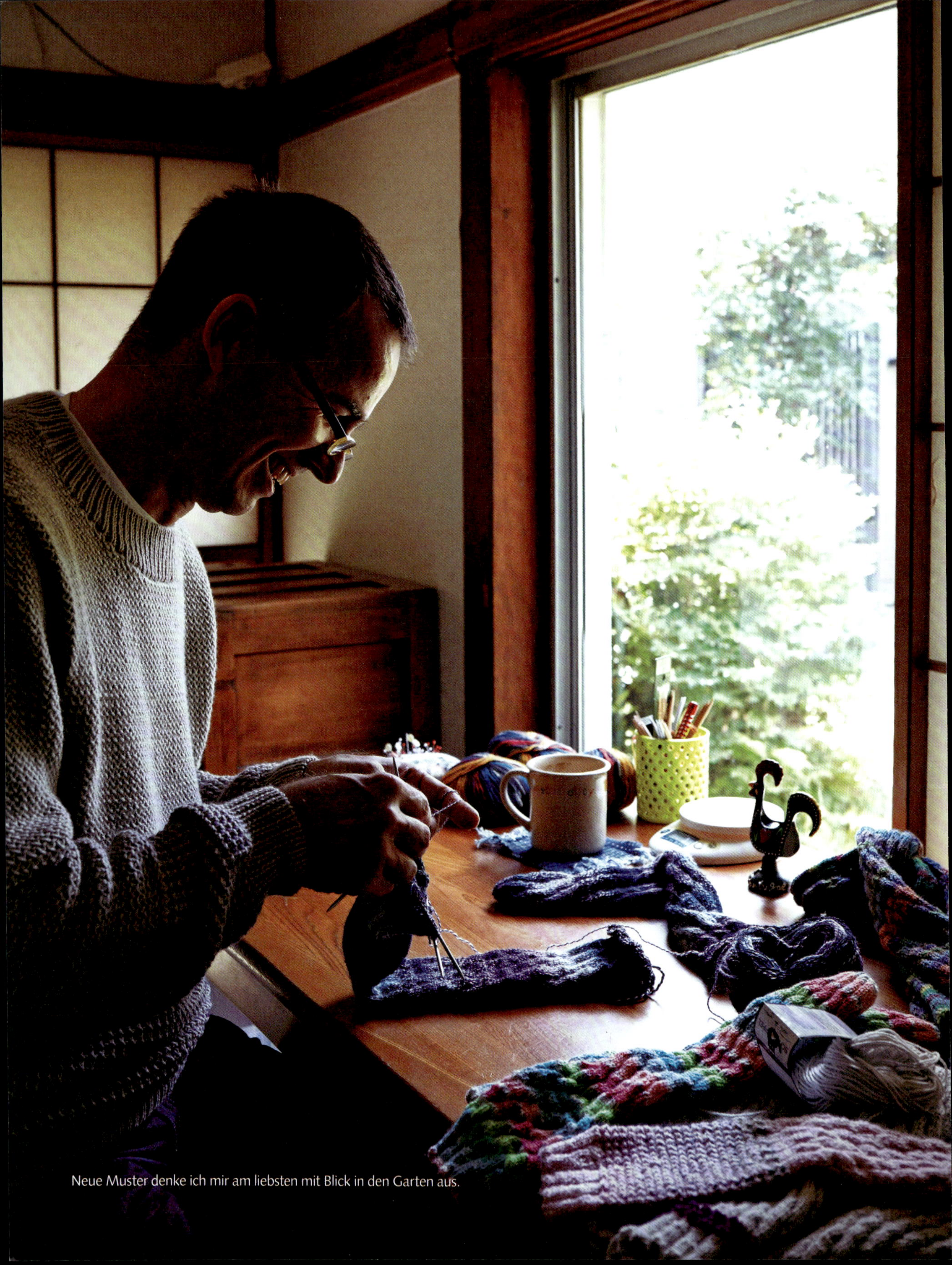

Neue Muster denke ich mir am liebsten mit Blick in den Garten aus.

Einfach gestrickte Socken für jedermann: eine hundertjährige Tradition

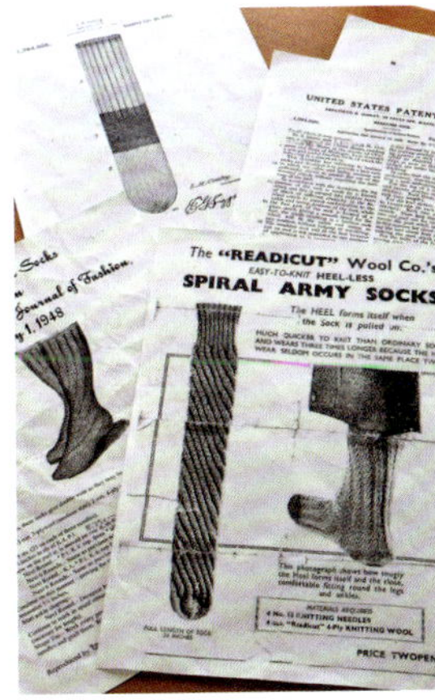

Werbung für Spiralsocken für Soldaten während des Krieges

Auf der Suche nach neuen Ideen für schicke, interessante Strickmodelle werde ich häufig in alten Büchern oder Zeitschriften fündig.

Beim Durchsehen alter Strickdiagramme stieß ich einmal auf Socken, die 1921 in Amerika patentiert worden waren. Die Ferse war aus rechten und linken Maschen in einem Spiralmuster gestrickt. Aus Neugier strickte ich ein Paar nach den Erklärungen im Patent nach.

Dann fand ich eine alte amerikanische Reklame mit der Überschrift „Armee-Spiralsocken". Offenbar waren die Frauen während des Krieges dazu aufgerufen worden, zur Unterstützung der Soldaten einfache Socken für sie zu stricken. Hier war nicht nur die Ferse, sondern die gesamte Socke im Spiralmuster gehalten; so konnte sie bei großen Füßen als kürzerer und bei kleinen Füßen als längerer Strumpf getragen werden. Außerdem, so wurde in der Anzeige erklärt, hielten die Socken dreimal so lange wie andere, weil der stark beanspruchte Fersenteil bei jedem Tragen woanders saß. Zudem waren beim Stricken keine komplizierten Zunahmen für die Ferse notwendig; die Socke ließ sich einfach gerade hochstricken und war damit vergleichsweise schnell fertig. Ich fand das Prinzip fantastisch und begann sofort, mir eigene Muster auszudenken.

Nach einigen Versuchen hatte ich herausgefunden, dass mit dem Schema „2 links, 4 rechts, alle 6 Reihen um eine Masche nach links versetzen" einfach zu strickende Socken mit einem hübschen Spiralmuster entstanden. Die Socken trugen sich angenehm und passten erstaunlich genau. Weil es so gut zu den Zahlen im Muster passte, benannte ich die Socken nach der Landstraße 246, auf der ich oft mit dem Motorrad unterwegs bin: „246-Spiralsocken".

Die „246-Spiralsocken" bestehen nur aus rechten und linken Maschen. Da sie keine Ferse haben, kann sie jeder problemlos stricken, und weil sie immer mit derselben Maschen- und Reihenzahl gestrickt werden, passen sie mir mit meinen 28 cm Fußlänge ebenso wie einem Teenie und eignen sich damit optimal auch als Geschenk sowie für Kinder im Wachstum. Und vor allem macht das Stricken einfach Spaß.

Ich bin gern unterwegs und fahre mit dem Motorrad kreuz und quer durch Japan. Auf Geschäftsreisen nehme ich auch mal den Zug oder den Shinkansen, und dann habe ich immer einen Beutel mit Wolle und Stricknadeln dabei, um unterwegs zu stricken. In Deutschland ist es derzeit Mode, mit anderen Strickfans zusammen im Zug zu stricken. Es gibt sogar einen Namen dafür: Zugsocking. Wahrscheinlich ist er deswegen aufgekommen, weil Socken auch unterwegs leicht zu stricken sind. Man braucht nur ein Knäuel Wolle und Nadeln einzustecken, sich die Zahlen 2-4-6 zu merken, und schon werden die Spiralsocken zu wunderbaren Reisegefährten.

In diesem Buch möchte ich vor allem die „246-Spiralsocken" mit verschiedenen Bündchenvariationen vorstellen. Auf den ersten Blick wirken sie zwar ungewohnt und vielleicht sogar etwas seltsam, aber angezogen sehen sie richtig toll aus!

Am besten fangen Sie mit dem Modell an, das Ihnen zuerst ins Auge gefallen ist. Bestimmt gefällt Ihnen das Ergebnis und Sie möchten gleich noch ein Paar für jemand anderen stricken!

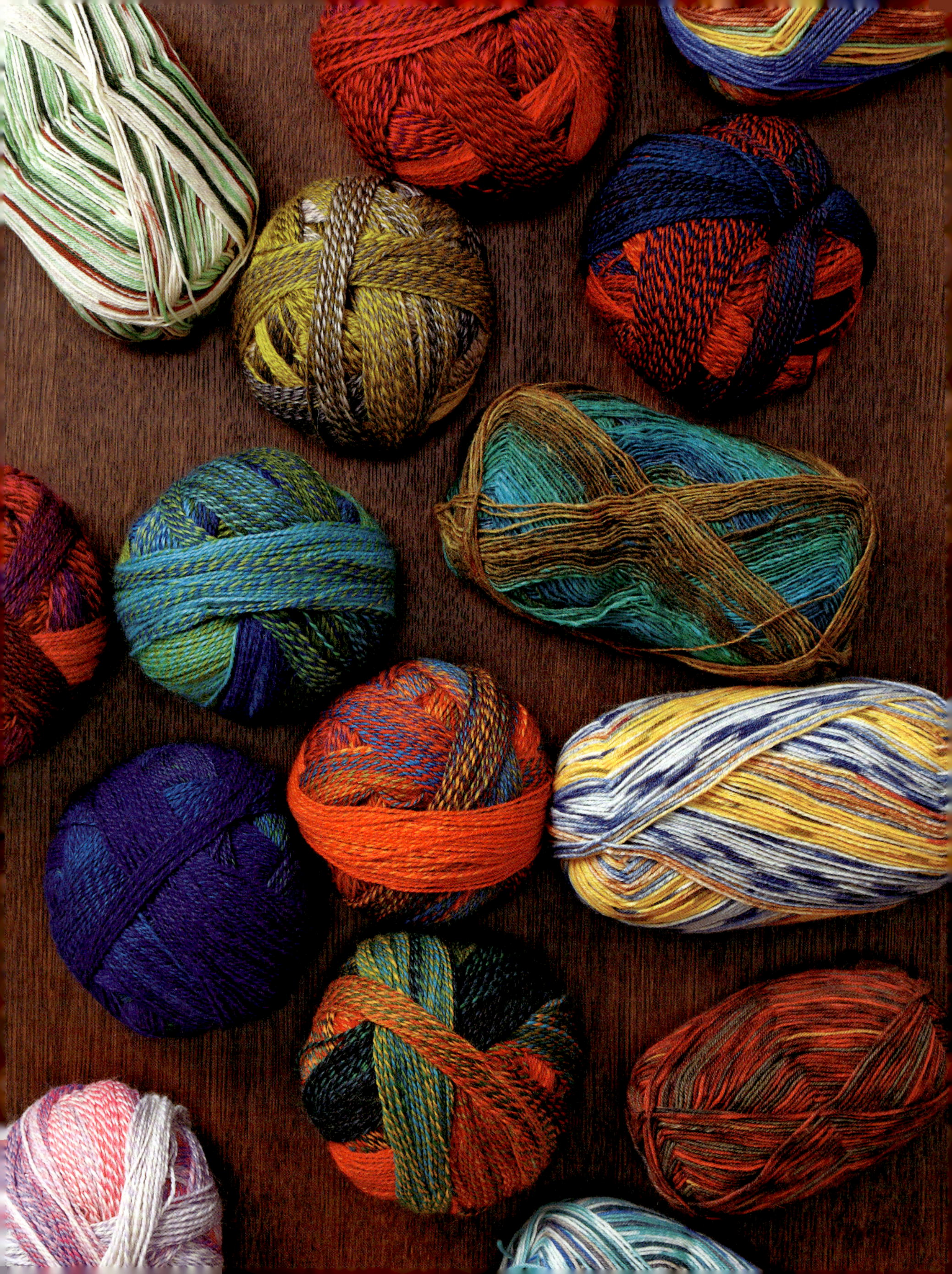

Erste Versuche mit Sockenwolle

Sockenwolle: für Socken optimal

In Deutschland sind die Winter kalt, und weil Schafe schon früh als Haustiere gehalten wurden, hat man dort schon immer viel gestrickt. Socken aus Schurwolle haben eine lange Tradition, und inzwischen gibt es eine unüberschaubare Anzahl verschiedener Sockengarne. In diesem Buch benutze ich zauberhafte bunte deutsche Garne wie „Schoppel", „Regia" oder „Opal". Da ein Knäuel entweder aus 100 oder 50 g Wolle besteht, kann man prinzipiell aus einem Knäuel entweder ein Paar oder eine Socke für einen Erwachsenen stricken. Die Wolle bekommt man im Fachgeschäft oder im Onlineshop (siehe S. 79).

Für das Sockenstricken empfehle ich Sockenwolle mit einer Zusammensetzung aus 70–75 % Wolle und 25–30 % Nylon. Die Wolle wärmt, nimmt Feuchtigkeit auf und gibt sie wieder ab, der Nylonanteil macht die Socken haltbarer und maschinenwaschbar. Beachten Sie jedoch bei jeder Wolle die Pflegehinweise auf dem Etikett! Vor allem aber sind Socken aus Sockenwolle ganz besonders weich und angenehm zu tragen.

Individuelle Muster durch Regenbogengarne

Für die Modelle in diesem Buch verwende ich oft Sockengarn mit Farbverläufen. Beim Verstricken eines solchen Regenbogengarns entstehen ganz von selbst Muster oder Farbverläufe. Da die Farben je nach Design oder Strickmuster ganz unterschiedlich erscheinen, entstehen ganz individuelle Farbmuster, und das Stricken mit einer solchen Wolle macht außerdem richtig Spaß. Manchmal sehen die rechte und die linke Socke aus einer solchen Wolle unterschiedlich aus, aber für mich haben gerade diese Socken einen speziellen Charme, wie man ihn nur bei Selbstgestricktem findet. Garne mit langen Farbverläufen wie „Zauberball" sind ursprünglich auch nicht für zwei identische Socken gedacht gewesen.

Wer aber unbedingt möchte, dass die linke und die rechte Socke gleich aussehen, fängt einfach bei beiden Socken an derselben Stelle des Farbverlaufs an zu stricken. Ganz egal, ob man den Faden von außen aufnimmt oder von innen aus dem Knäuel zieht, man geht bei beiden Socken gleich vor. Verwendet man zwei Knäuel, beginnt man ebenfalls bei beiden Socken entweder mit dem äußeren oder dem inneren Garnende und beginnt an derselben Stelle im Farbverlauf mit der Arbeit. Soll dagegen der Farbverlauf z. B. rechts an der Spitze und links am Bündchen beginnen, fängt man bei der einen Socke mit dem inneren und bei der anderen mit dem äußeren Garnende an. Auch das sieht meiner Meinung nach im Paar sehr schön aus.

Die Japaner haben einen besonders ausgeprägten Farbsinn, und ihre farbenprächtigen Kimonos faszinieren Menschen auf der ganzen Welt. Dieses Gespür für Farben lässt sich auch auf Socken übertragen! Sie werden beim Stricken genauso in einen Farbrausch geraten wie beim Tragen.

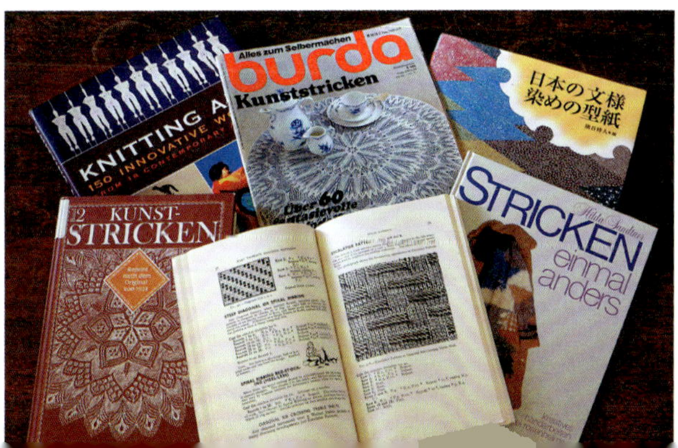

Alte Bücher stecken oft voller Ideen für neue Strickmodelle.

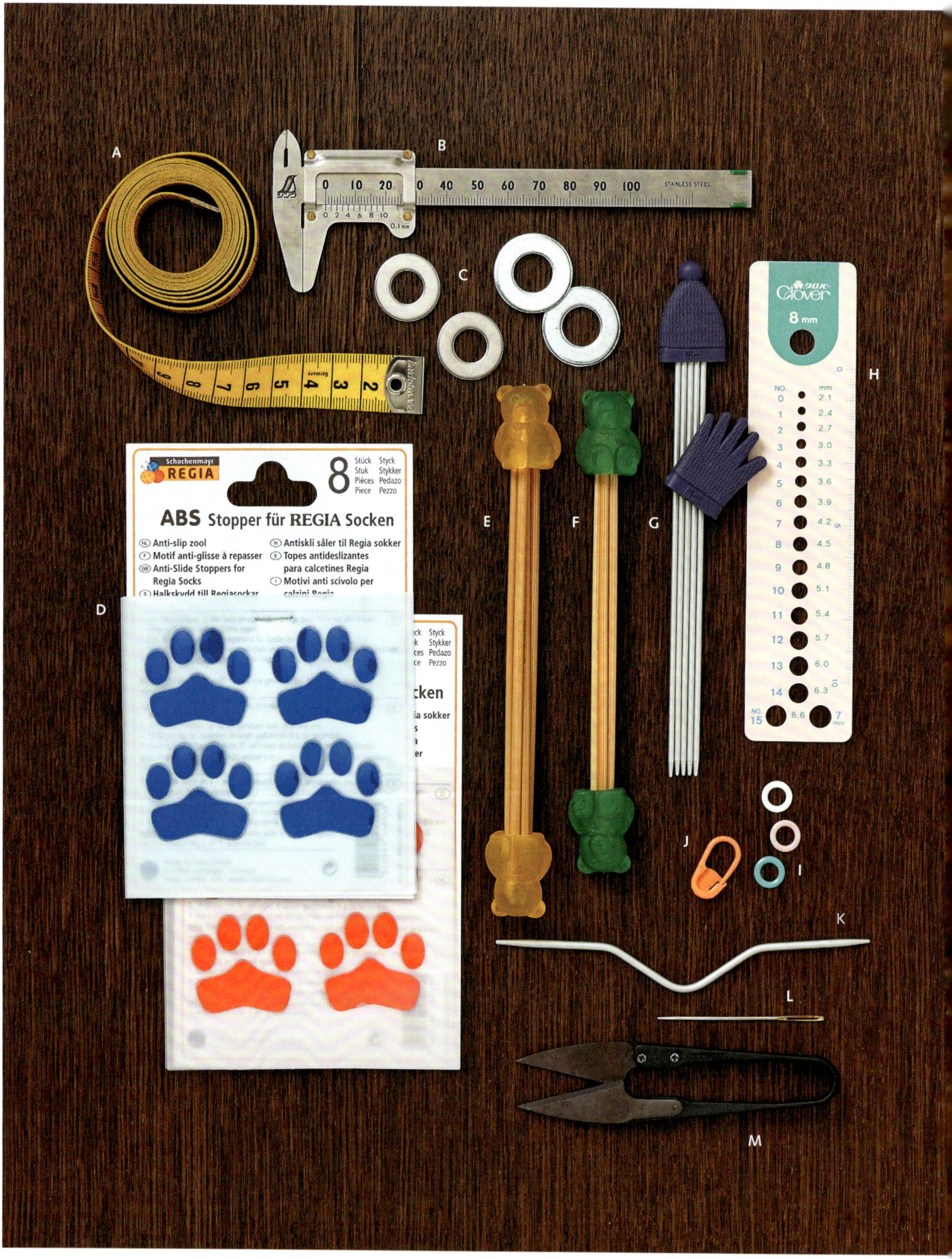
A
B
C
D
E
F
G
H
I
J
K
L
M
Schachenmayr
REGIA
8 Stück Styck Stuk Stykker Pièces Pedazo Piece Pezzo
ABS Stopper für REGIA Socken
Anti-slip zool
Motif anti-glisse à repasser
Anti-Slide Stoppers for Regia Socks
Antiskli såler til Regia sokker
Topes antideslizantes para calcetines Regia
Motivi anti scivolo per
Clover
8 mm
STAINLESS STEEL

Die richtigen Stricknadeln zum Sockenstricken

In Deutschland strickt man Socken überwiegend mit fünf Nadeln, weil sich auf diese Weise eher eine Kreisform ergibt als mit vier Nadeln; außerdem liegt so auch bei kleinen Strickstücken das Gestrickte nicht so eng zusammen und lässt sich besser stricken. Optimal ist eine Nadellänge von 12 bis 15 cm. Ich benutze am liebsten fünf Stahlnadeln, weil die Maschen darauf gut gleiten und ich schneller vorankomme, aber für Anfänger sind Nadeln aus Holz oder Bambus besser geeignet, weil die Maschen nicht so schnell herunterrutschen und sie leichter zu handhaben sind.

Auf jedem Garnknäuel ist die Nadelstärke in mm angegeben, die für dieses Garn geeignet ist. Weil Sockenwolle sehr dünn ist, strickt man oft mit Nadeln der Stärke 2 bis 3. Ich stricke Socken immer eher fest und verwende daher mit Sockenwolle meistens Nadeln der Stärke 3 (Durchmesser 3,0 mm). Je nach Garn stricke ich aber auch mit dünneren Nadeln, bei dickem Garn verwende ich Nadeln der Stärke 3,5. Wer eher fest strickt, sollte es mit einer halben Nadelstärke mehr als der angegebenen versuchen, wer dagegen zum Lockerstricken neigt, nimmt am besten eine halbe Nadelstärke weniger. Was bei Ihnen besser funktioniert, probieren Sie am besten einfach aus.

Mein Werkzeugkasten

A **Zentimetermaß:** Damit messe ich Weite und Länge der Socken.

B **Nonius:** Je nach Herkunftsland wird die Stärke von Stricknadeln z. B. aus Japan, Europa oder Amerika unterschiedlich benannt. Da ich Nadeln aus verschiedenen Ländern besitze und die aufgedruckte Nummer auf dem Nadelschaft oft irgendwann nicht mehr zu lesen ist, kann ich mit dem Nonius die Nadelstärke bis auf Millimeterbruchteile genau bestimmen.

C **Unterlegscheiben:** zum Herstellen kleiner Bommeln. Die aus Stahl verformen sich nicht und lassen sich immer wieder verwenden.
*Nonius und Unterlegscheiben habe ich im Baumarkt gefunden. Ich verwende gern Dinge, die ohnehin vorhanden oder leicht zu besorgen sind.

D **ABS-Stopper:** zum Aufbügeln auf die Lauffläche.
*Da man in Wollsocken schnell ausrutschen kann, sind diese Stopper besonders praktisch für kleine Kinder oder gehbehinderte Menschen.

E **Nadelspiel** Stärke 3,5, Bambusnadeln und Nadelspielhalter.

F **Nadelspiel** Stärke 3, Bambusnadeln und Nadelspielhalter.

G **Nadelspiel** Stärke 2,75, Stahlnadeln.
Da Socken in Runden gestrickt werden, verwendet man dazu Nadeln mit einer Spitze an jedem Ende. Kleine Strickstücke wie Socken lassen sich mit kurzen Nadeln (12–15 cm) einfacher stricken. Damit keine Nadel verloren geht, kann man sie mit einem Nadelspielhalter an jedem Ende zusammenhalten.

H **Nadelmaß:** zum Bestimmen der japanischen Nadelgröße. Die Nadel wird dazu einfach in eins der Löcher gesteckt. Links neben jedem Loch ist die japanische Größe verzeichnet, rechts der Durchmesser in Millimeter.

I **Rundenmarkierer:** wird auf die Stricknadel geschoben, um z. B. den Anfang einer Runde zu markieren.

J **Maschenmarkierer:** wird in die gestrickte Masche eingehängt, um bestimmte Runden zu markieren.

K **Zopfmusternadel:** Zum Verkreuzen von Maschen oder für Zopfmuster werden einzelne Maschen auf diese Nadel gelegt.

L **Wollnadel:** Nähnadel mit stumpfer Spitze für Wolle. Für Sockenwolle nehme ich eine entsprechend dünnere Wollnadel.

M **Schere:** zum Abschneiden der Wolle.

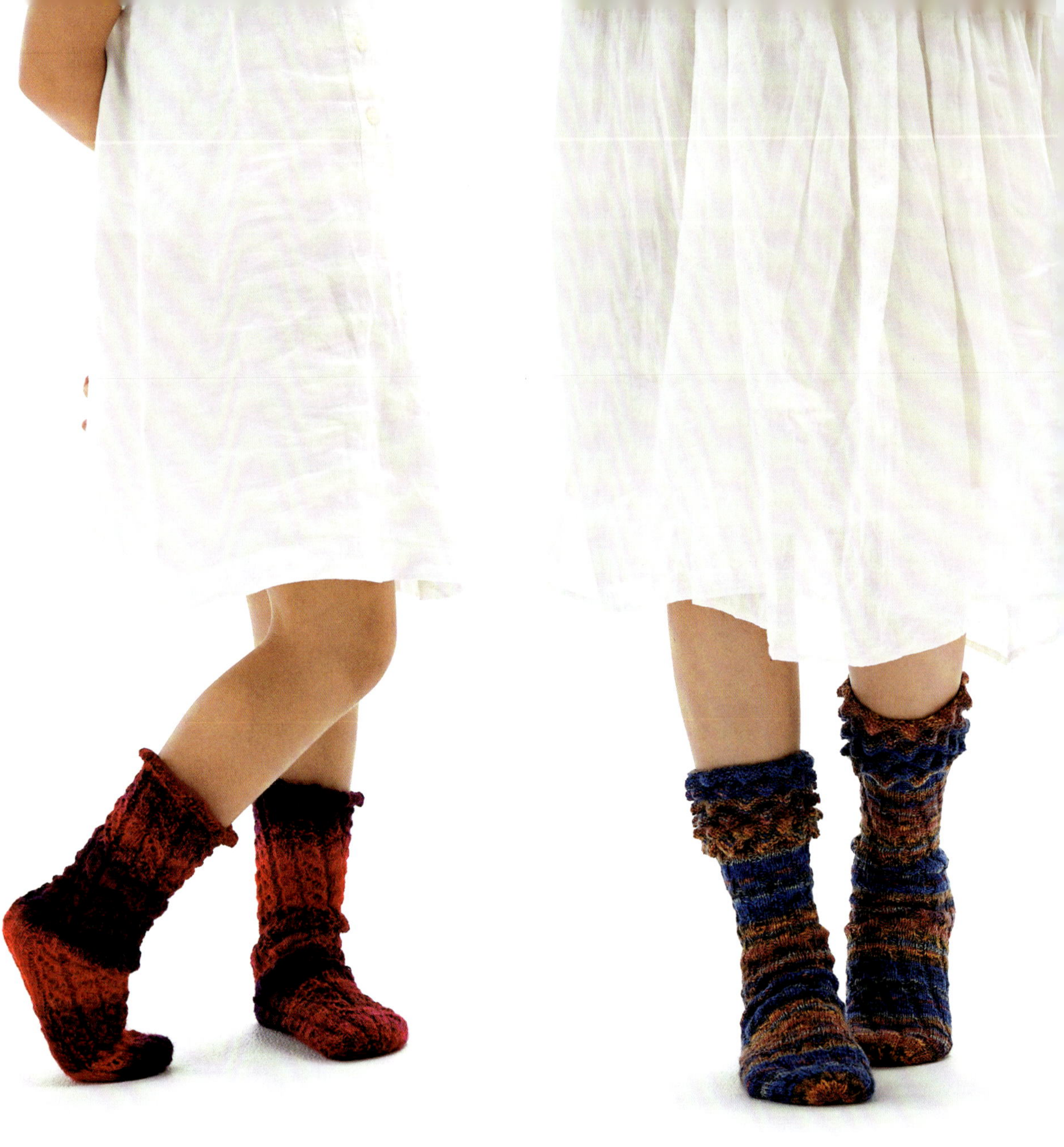

Eine Größe für die ganze Familie!

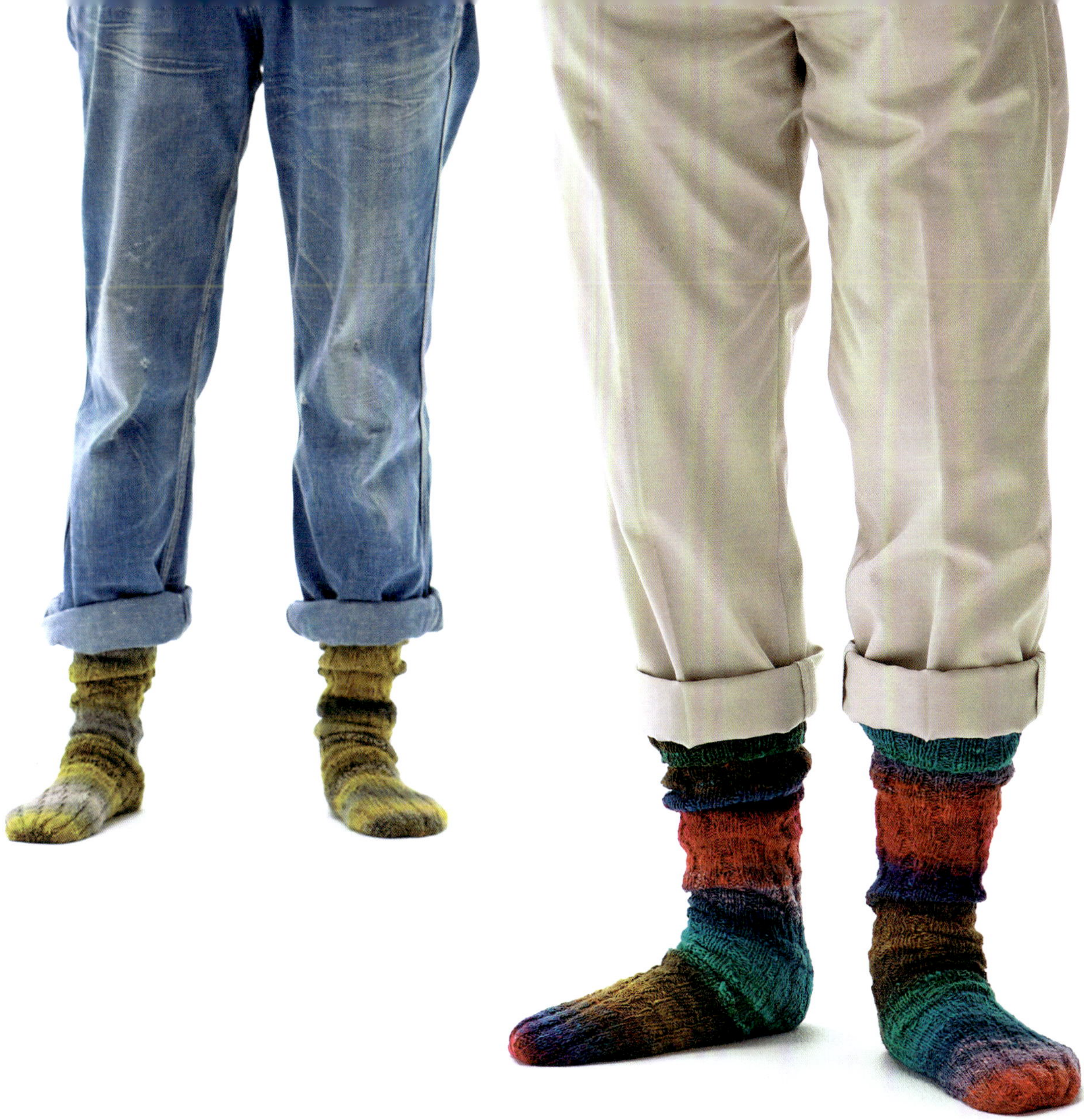

Basic Spiral Einfache Spiralsocken

Grundmuster für Spiralsocken

Spiralsocken bestehen aus drei Teilen: Bündchen, Spiralmusterteil und Zehenteil. Bei den einfachen Spiralsocken wird das Bündchen genau wie das Spiralmusterteil aus 4 rechten und 2 linken Maschen im Wechsel gestrickt.

Für das Spiralmuster wird der Rapport (4 rechts, 2 links = 6 Maschen) 10-mal wiederholt, eine Runde besteht also aus 60 Maschen. Dieses Muster wird alle 6 Runden um eine Masche nach links versetzt, sodass 10 Spiralarme nach oben laufen. Da das Spiralmuster extrem elastisch ist, passt die Größe für so gut wie jeden Fuß.

Für diese einfachen Spiralsocken verwenden wir Sockenwolle (siehe S. 9) und ein Nadelspiel der Größe 3.

Wolle: mittelstarke Sockenwolle
Schoppel Admiral, Vanille (1566-0320) 5 g, Maigrün (1566-6760) 85 g
Nadeln: Nadelspiel Stärke 3
Zubehör: Rundenmarkierer, Wollnadel (siehe S. 11)
Maße: Länge 44 cm

Strickanleitung (siehe Foto rechts und Strickdiagramm)

1. 60 elastische M (S. 16) anschlagen. Die M werden gleichmäßig auf 4 Stricknadeln verteilt, mit der fünften wird gestrickt.
2. Für das Bündchen (auf dem Foto in Vanille) 12 Rd im Rippenmuster (4 re, 2 li) stricken. Den Rundenanfang mit dem Rundenmarkierer kennzeichnen.
3. Anschließend über 156 Rd im Spiralmuster (auf dem Foto in Maigrün) fortfahren, dabei mit 1 M li beginnen.
- Ein Rapport geht über 6 M und 36 Rd.
4. Für das Zehenteil (auf dem Foto in Vanille) wird von 2 li M ausgehend so abgenommen, dass das Spiralmuster sich bis zur Spitze fortsetzt und jeweils auf der linken Seite der Abnahmen nur re M auf der Nadel bleiben.
- Wenn die ersten beiden M in der ersten Abnehmrunde keine li M sind, bis zu den nächsten beiden li M die M stricken, wie sie erscheinen, dann mit den Abnahmen beginnen.
5. Den Faden durch die letzten 10 M führen und zusammenziehen (S. 17). Die andere Socke auf dieselbe Weise stricken.

Ein guter Tipp beim Stricken mit einem Nadelspiel: Stricken Sie nicht mit jeder Nadel in jeder Runde dieselbe Anzahl von Maschen. Die Maschen beim Übergang von einer zur nächsten Nadel werden oft lockerer, was später als senkrechte Reihe von Löchern sichtbar wird. Um das zu vermeiden, stricke ich immer die ersten beiden Maschen der folgenden Nadel noch mit und wechsle dann erst zur nächsten Nadel.

Und passen die Socken?

Wenn Sie ein Paar mit der Nadelstärke 3 gestrickt haben, testen Sie, ob sie angenehm zu tragen sind. Wer die Socken etwas lockerer haben möchte, kann es einmal mit Nadeln der Stärke 3,5 versuchen, wer sie enger braucht, nimmt die Stärke 2,5.

Sollen die Socken sehr viel weiter oder enger sein, ändern Sie einfach die Maschenzahl. Da alle Socken vom Bündchen bis zur Spitze im selben Spiralmuster gestrickt werden, muss die Anzahl der Wiederholungen des Rapports (4 re, 2 li) über 6 Maschen variiert werden, also nicht 10 Wiederholungen (1 Rd = 60 M), sondern z. B. 11 (66 M) oder 9 Wiederholungen (54 M). So lässt sich die Größe ganz einfach verändern.

* Bitte beachten: Die in diesem Buch angegebenen Maße beziehen sich auf die Länge der ungespannt liegenden Socken.

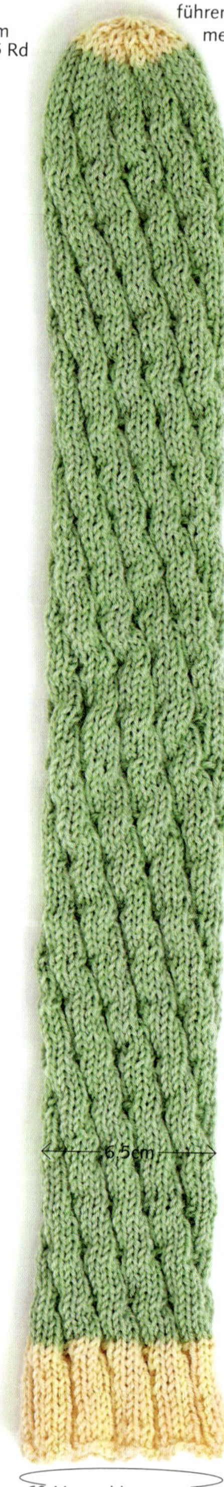

Strickdiagramm „Einfache Spiralsocken"

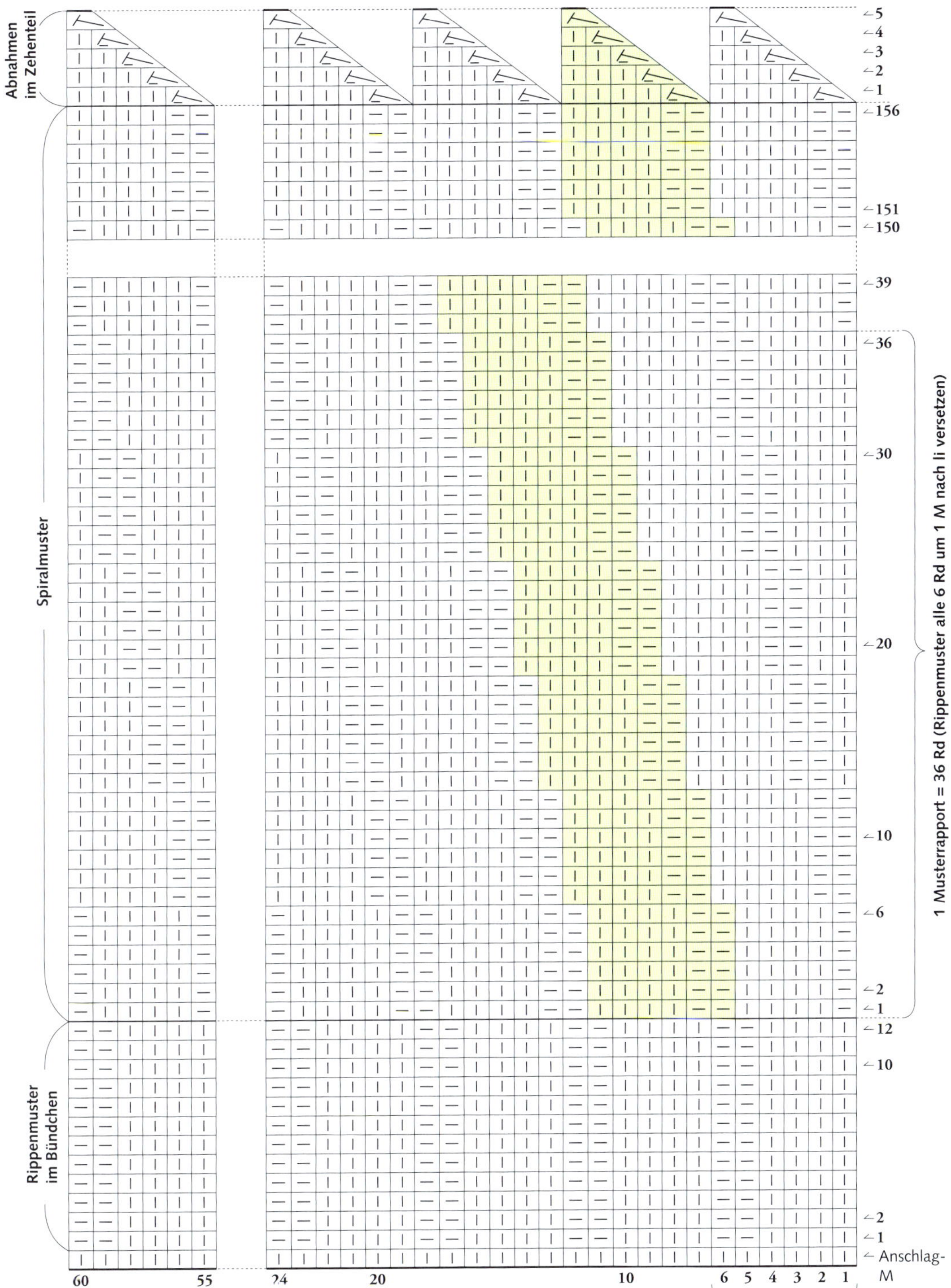

| 1 M re | — 1 M li | 2 M li zusammenstricken | 2 M re zusammenstricken

Basic Spiral Einfache Spiralsocken

Elastische Anschlagmaschen

Diese Anschlagmaschen verwende ich oft für Sockenbündchen, Mützenränder etc. Sie ähneln dem normalen Kreuzanschlag, aber in Schritt 5 und 6 wird die Nadel anders geführt.

Bei dieser Anschlagtechnik misst man erst die benötigte Fadenlänge für den Anschlagrand ab und fängt an dieser Stelle an. Für die einfachen Spiralsocken braucht man 90 cm.

1

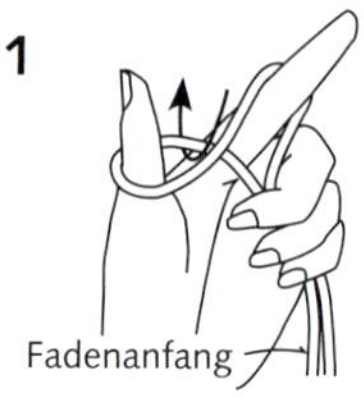

Den Faden um Daumen und Zeigefinger der linken Hand schlingen und die Stricknadel in Pfeilrichtung hindurchführen.

2

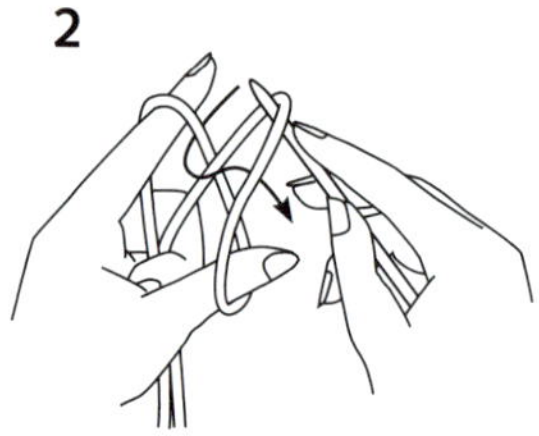

Den Faden am Zeigefinger mit der Nadel durch die Schlinge am Daumen holen.

3

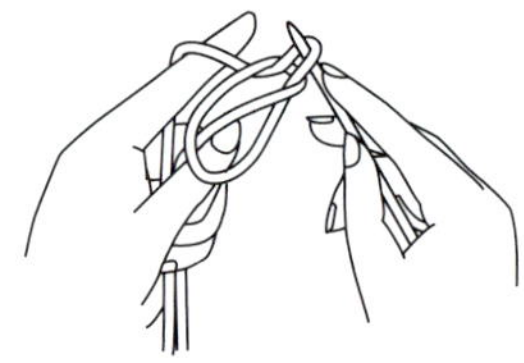

Den Faden vom Daumen gleiten lassen.

4

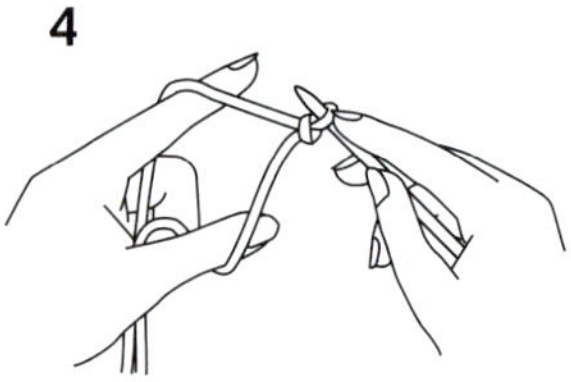

Den Fadenanfang um den Daumen legen und festziehen. Die Anschlagmasche liegt nun auf der Nadel.

5

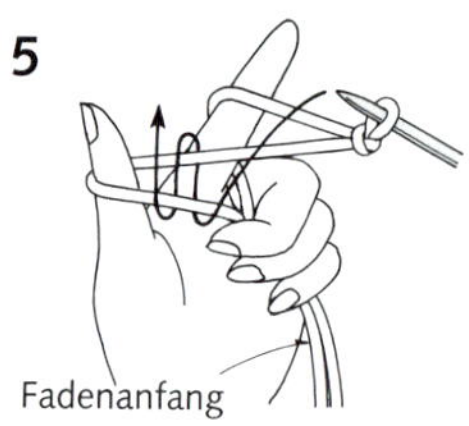

Die Nadel in Pfeilrichtung durch die Fäden führen und den Faden hinter dem Daumen nach vorn holen.

6

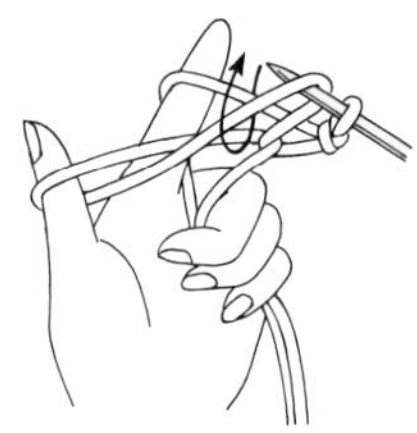

Den Faden vom Zeigefinger holen und die Nadel von oben durch das Dreieck zwischen Daumen und Nadel führen.

7

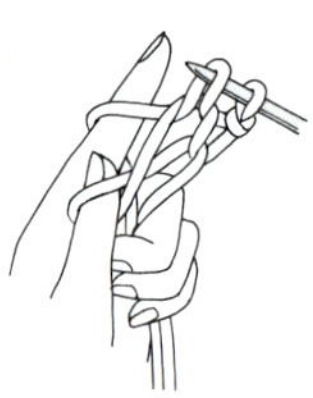

Den Faden vom Daumen gleiten lassen.

8

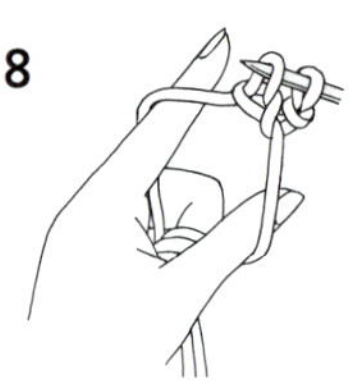

Den Faden um den Daumen legen und festziehen. Die Schritte 5–8 stets wiederholen.

9

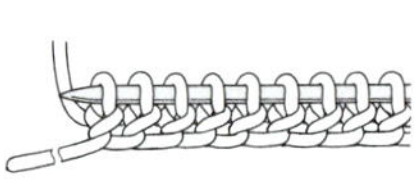

Die Anschlagmaschenreihe besteht aus einer Reihe rechter Maschen.

10 Die 60 Maschen auf vier Nadeln verteilen; dabei darauf achten, dass sie sich nicht verdrehen. Die Nadel mit dem Knäuelfaden in die rechte, die mit dem Fadenanfang in die linke Hand nehmen und zum Quadrat schließen. Mit der fünften Nadel ab der ersten Masche weiterstricken.

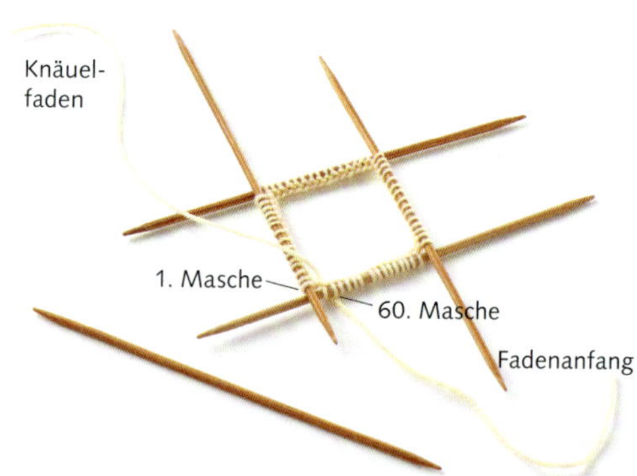

Maschen im Zehenteil zusammenziehen
Im Zehenteil setzt sich das Spiralmuster fort. Der runde, kurze Abschluss trägt nicht auf und sorgt für ein angenehmes Tragegefühl. Die Abnahmen für den Zehenteil vornehmen, wie im Diagramm auf Seite 15 angegeben. Da die Maschenanzahl stetig abnimmt, kann man irgendwann auch auf nur drei Nadeln weiterstricken.

1

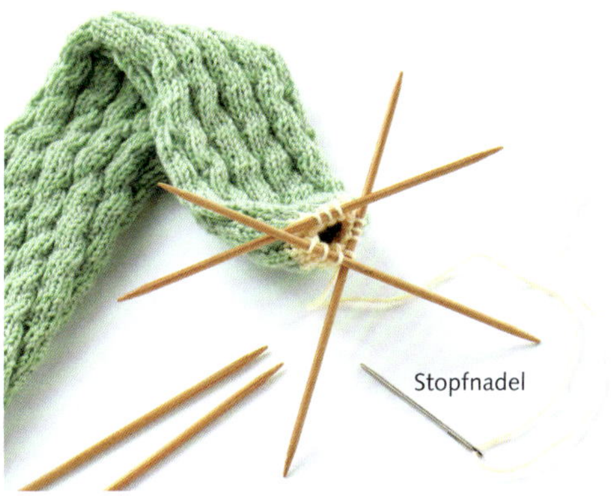

Nach allen Abnahmen für das Zehenteil sind noch 10 Maschen auf 3 Nadeln übrig. Den Faden nach 20 cm abschneiden und auf die Wollnadel fädeln.

2

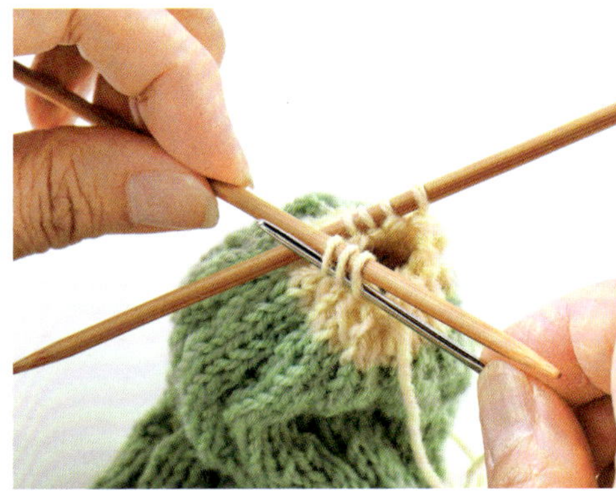

Die 10 übrigen Maschen von der ersten Masche an der Reihe nach auf die Wollnadel schieben.

3

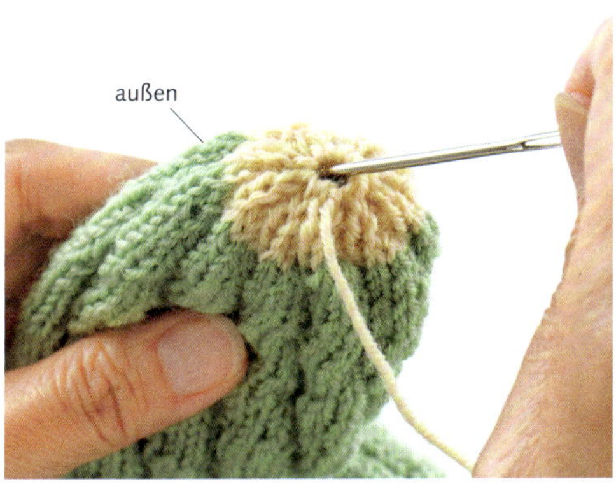

Das Loch mit dem Faden zuziehen und die Wollnadel durch das Loch ins Sockeninnere schieben.

4

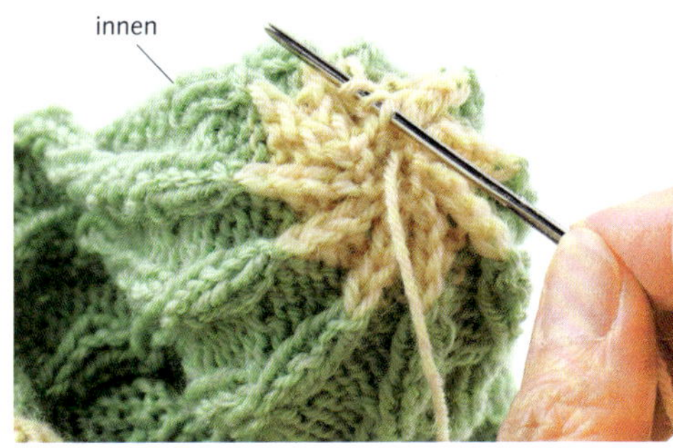

Die Socke wenden und den Faden mithilfe der Wollnadel so durch die Maschen ziehen, dass er von der rechten Seite aus nicht zu sehen ist. Fadenrest abschneiden.

Fertiges Zehenteil

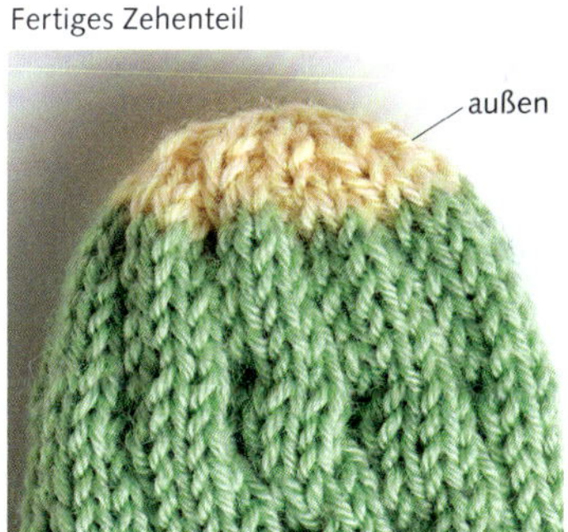

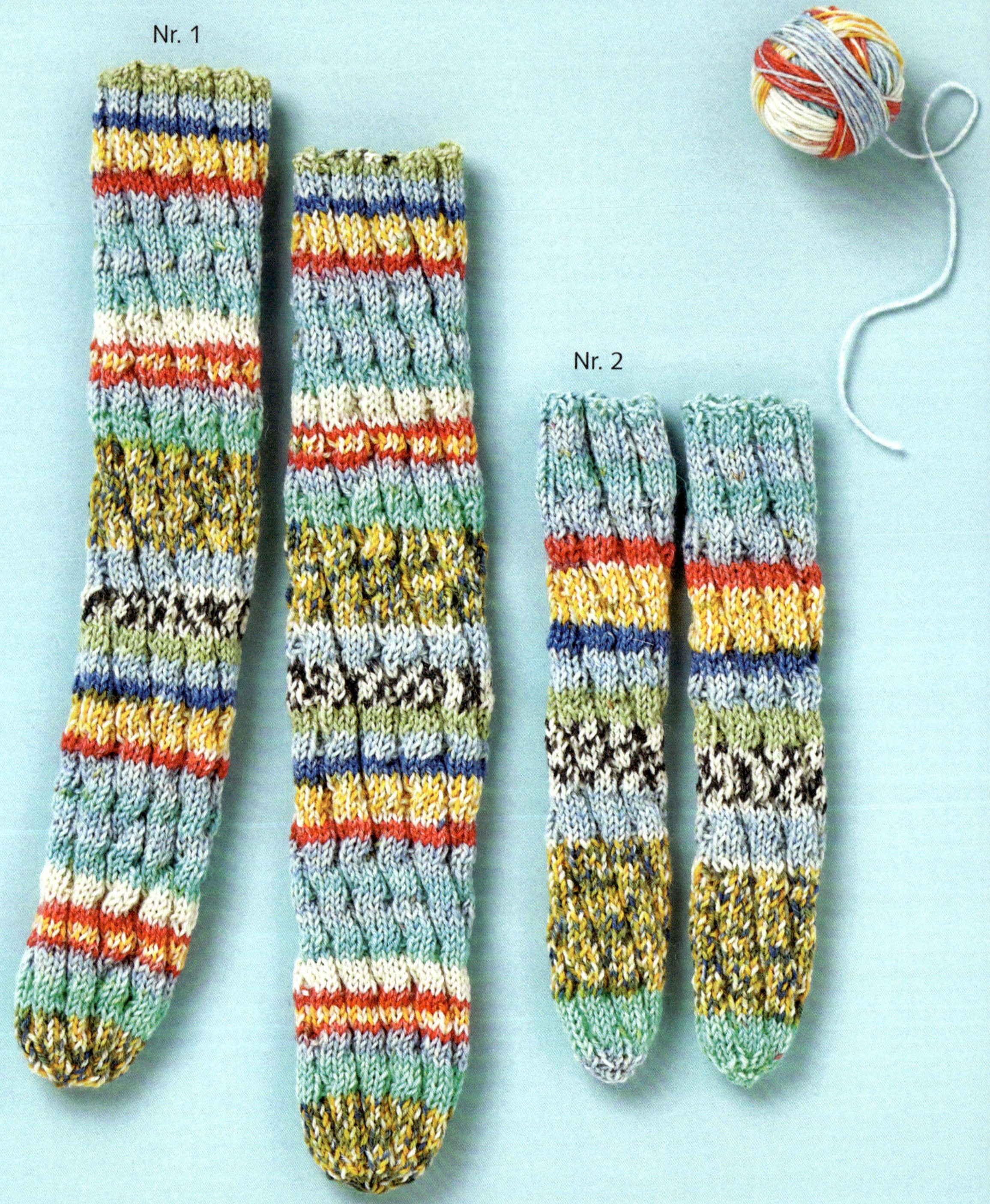

Alle abgebildeten Paare sind einfache Spiralsocken, aber mit unterschiedlicher Wolle und von unterschiedlicher Länge. Die Muster entstehen teilweise von selbst durch den Farbverlauf in der Wolle. Für das Set oben wurde aus einem 100-g-Knäuel Sockenwolle ein etwas kürzeres Paar für Erwachsene und ein Paar Kindersocken (2–3 Jahre) gestrickt (das kleine Knäuel blieb übrig). Anleitung auf Seite 68.

Nr. 3

Nr. 4

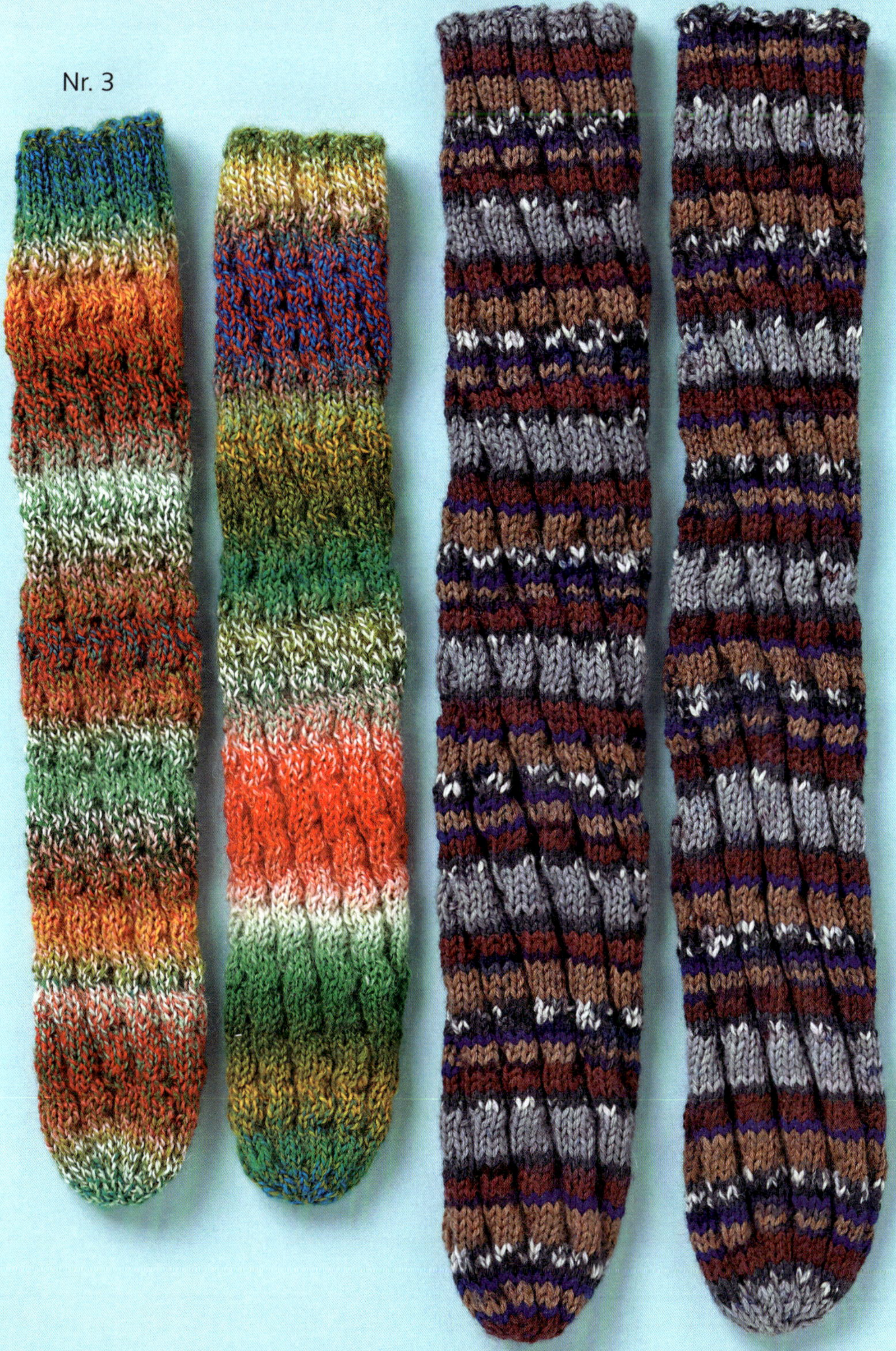

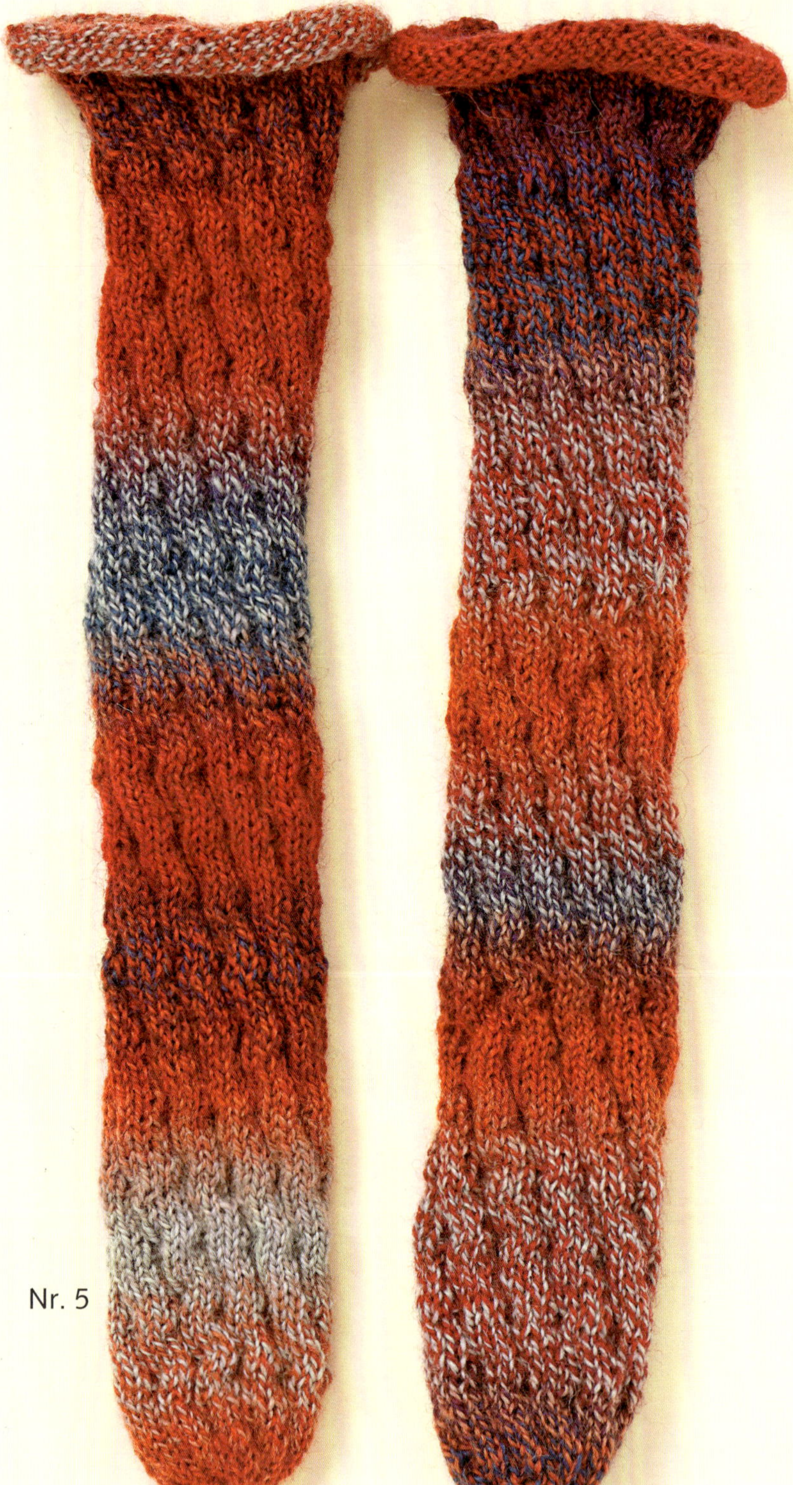

Nr. 5

Curl Socken mit Rollrand

Die einfachste Bündchenvariante ist der Rollrand aus rechten Maschen. Je nachdem, wie weit man ihn herunterrollt, lässt sich die Länge ganz nach Geschmack variieren.

Wolle: Nr. 5: Schoppel Crazy Zauberball (1153-2231), 65 g
Nr. 6: Regia Ply Color (05478), 65 g
Nr. 7: Opal Hundertwasser (2102), 90 g
Nadeln: Nadelspiel Stärke 3
Zubehör: Rundenmarkierer, Wollnadel
Maße: Länge Nr. 5: 36 cm, Länge Nr. 6: 36 cm, Länge Nr. 7: 55 cm

Strickanleitung (siehe S. 14–17)

60 M anschlagen und zur Rd schließen, 12 Rd glatt re stricken. Anschließend immer 4 M re, 2 M li im Wechsel stricken und wie bei den einfachen Spiralsocken mit Spiralmuster und Zehenteil fortfahren. Die zweite Socke auf dieselbe Weise stricken.

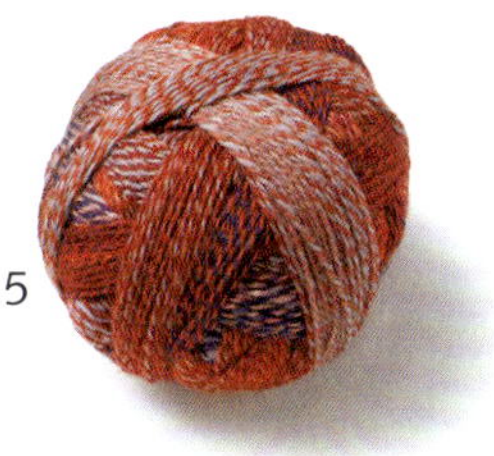

Nr. 5

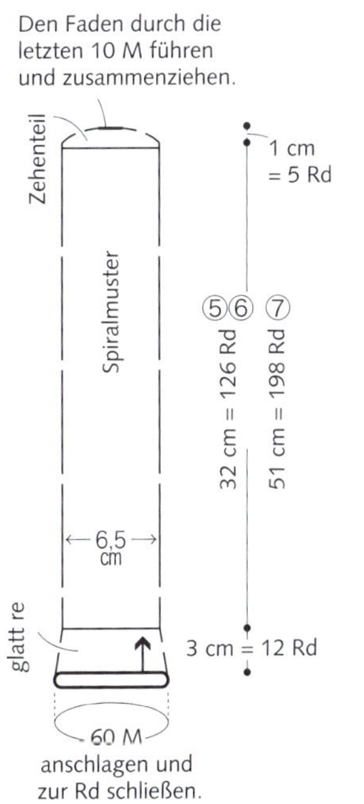

*Zahlen im Kreis = Modellnummern

Strickdiagramm „Socken mit Rollrand"

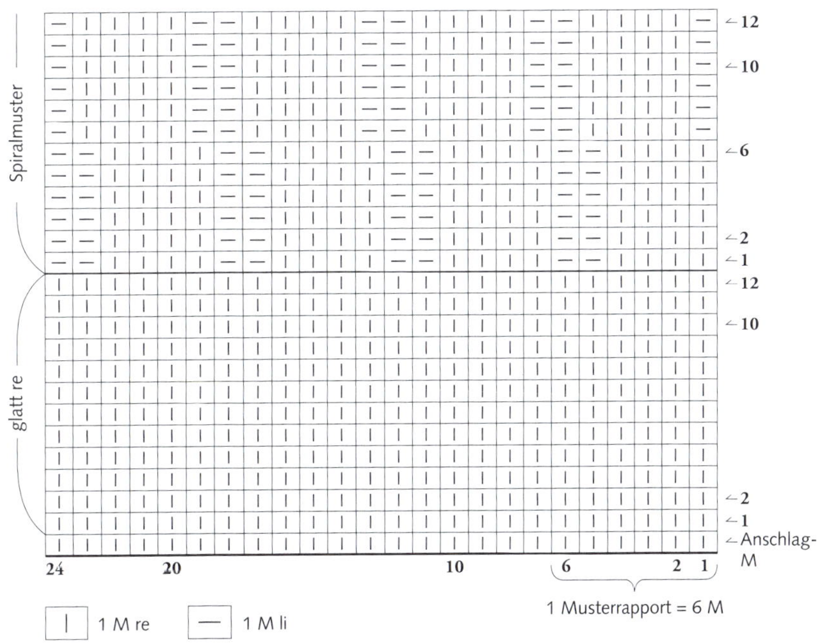

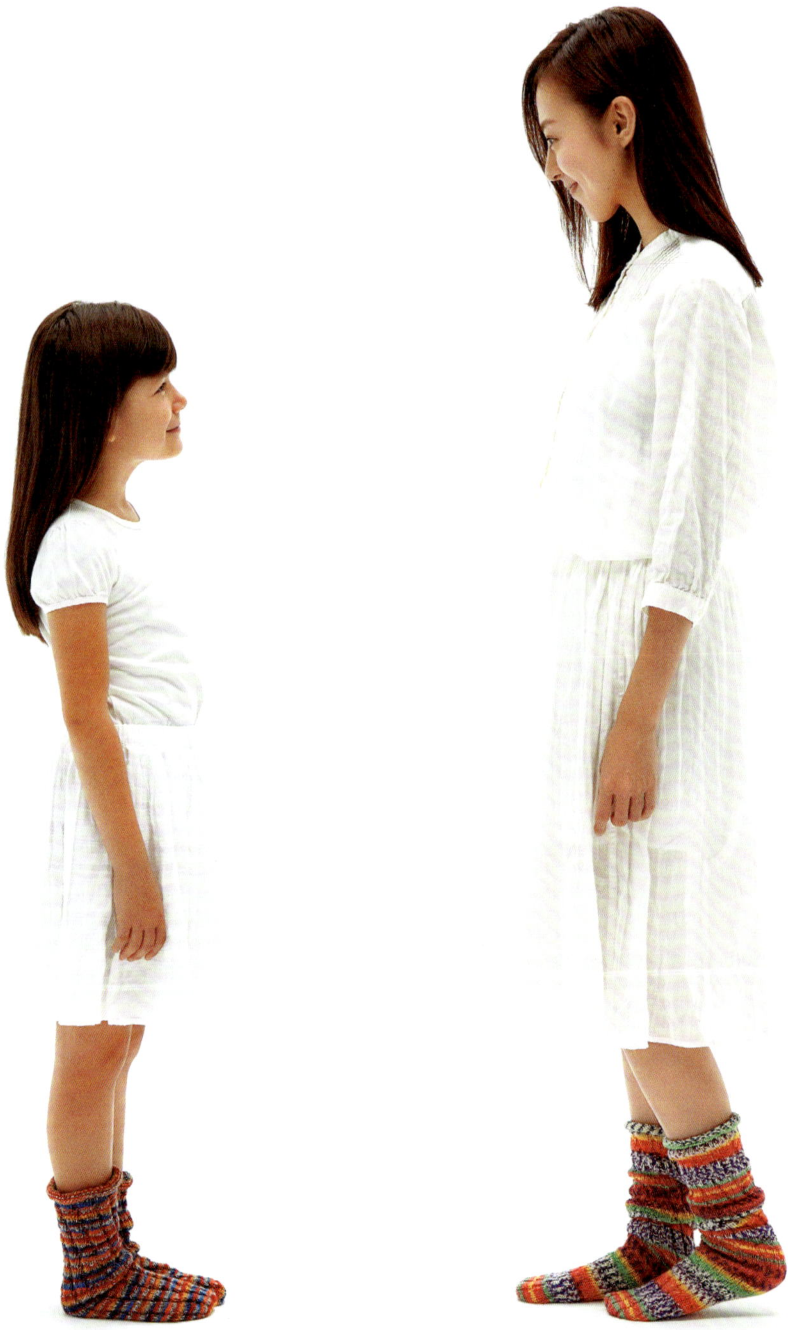

Nr. 6 links ist eine kürzere, Nr. 7 rechts eine längere Version der Socken mit Rollrand. Die Streifen entstehen bei diesem Sockengarn mit Farbverlauf von selbst. Anleitung auf Seite 21.

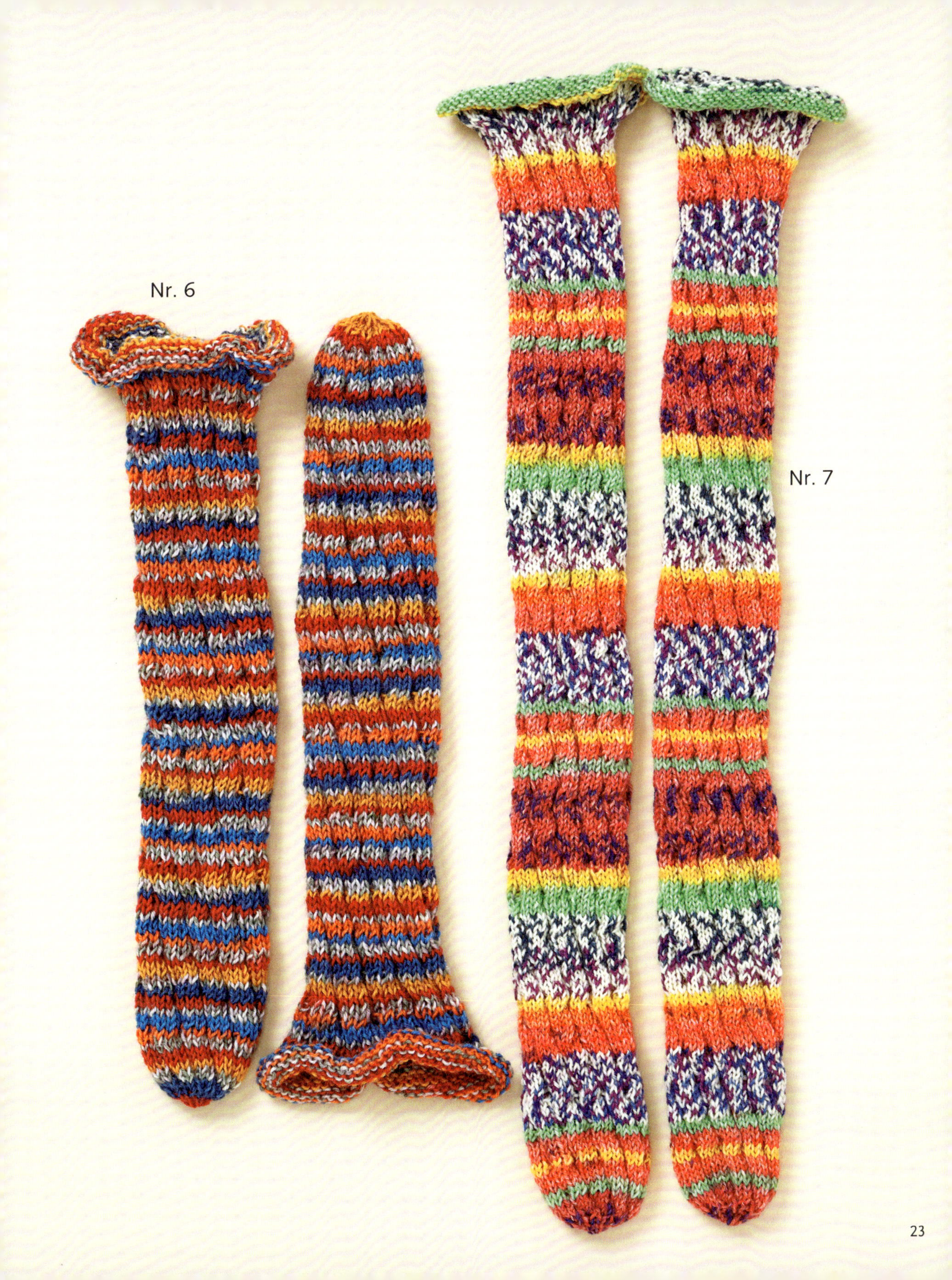

Nr. 6

Nr. 7

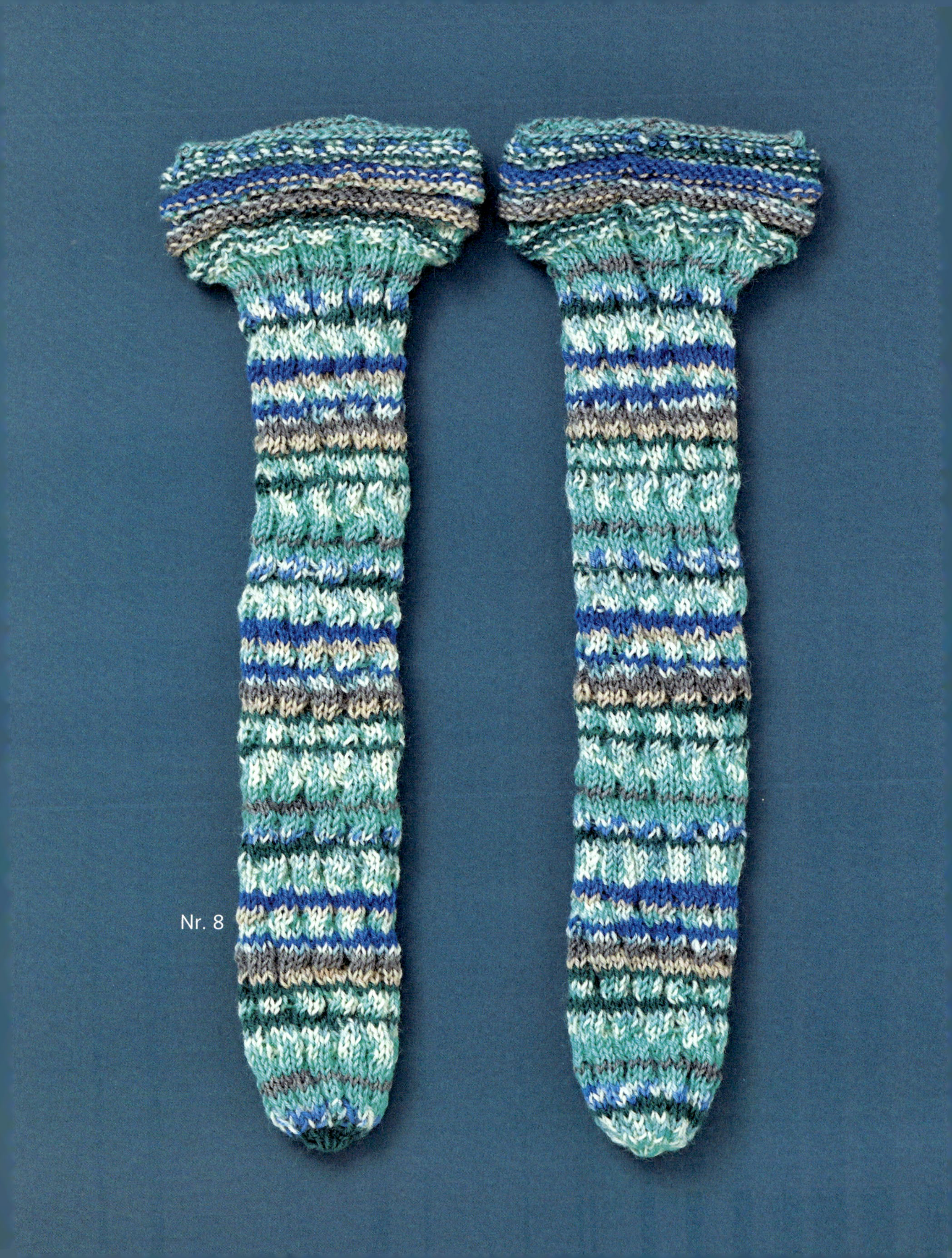

Nr. 8

Akkordeon-Socken

Durch den Wechsel von rechts und links gestrickten Runden entsteht hier ein krauses, blasebalgartiges Muster. Weil es sehr elastisch ist, lässt sich die Länge beim Anziehen regulieren.

Wolle: Nr. 8: Regia Ply Color (07202), 75 g
Nr. 9: Schoppel Crazy Zauberball (1153-2136), 100 g
Nr. 10: Schoppel Admiral Türkis (1466-4780), 65 g
Nr. 11: Schoppel Crazy Zauberball (1153-2099), 100 g
Nadeln: Nadelspiel Stärke 3
Zubehör: Rundenmarkierer, Wollnadel
Maße: Länge Nr. 8: 38 cm, Länge Nr. 9: 57 cm, Länge Nr. 10: 38 cm, Länge Nr. 11: 57 cm

Strickanleitung (siehe S. 14–17)
60 M anschlagen und zur Rd schließen, 36 Rd im Akkordeonmuster stricken. Anschließend immer 4 M re, 2 M li im Wechsel stricken und mit Spiralmuster und Zehenteil fortfahren. Die zweite Socke auf dieselbe Weise stricken.

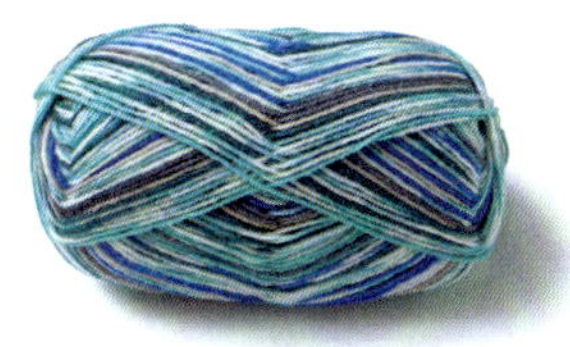

Nr. 8

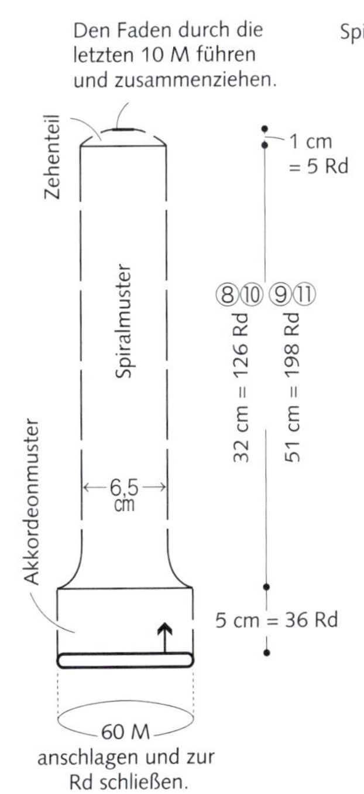

*Zahlen im Kreis = Modellnummern

Strickdiagramm „Akkordeon-Socken"

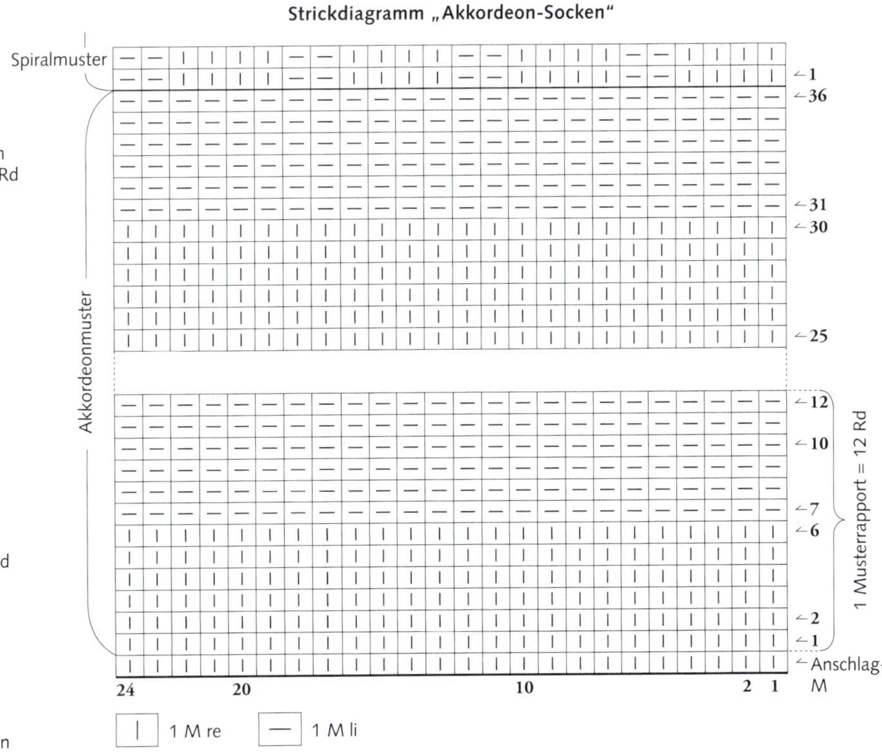

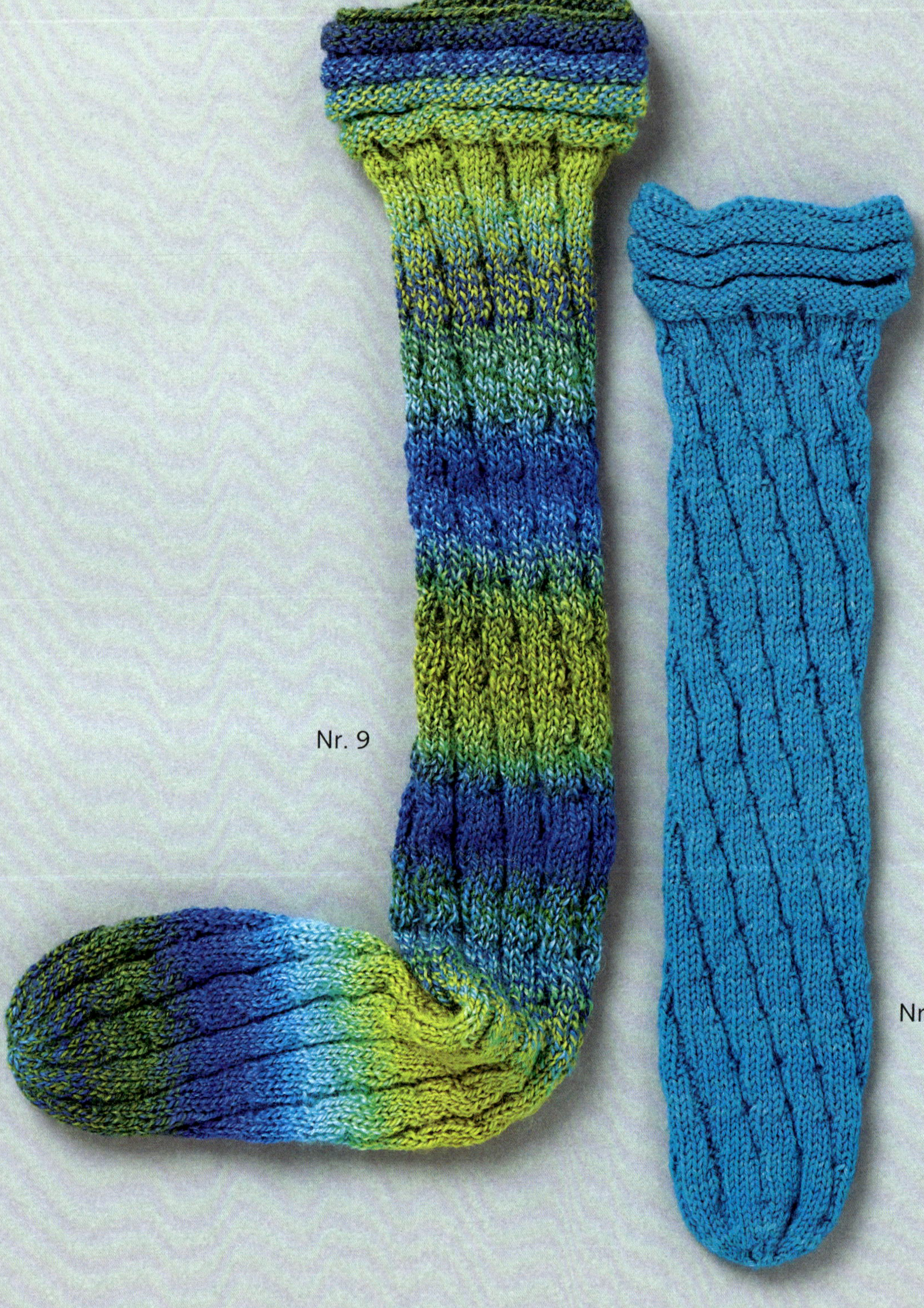

Nr. 9

Nr. 10

Diese drei Modelle wurden mit Sockenwolle von Schoppel gestrickt. Anleitung auf Seite 25.

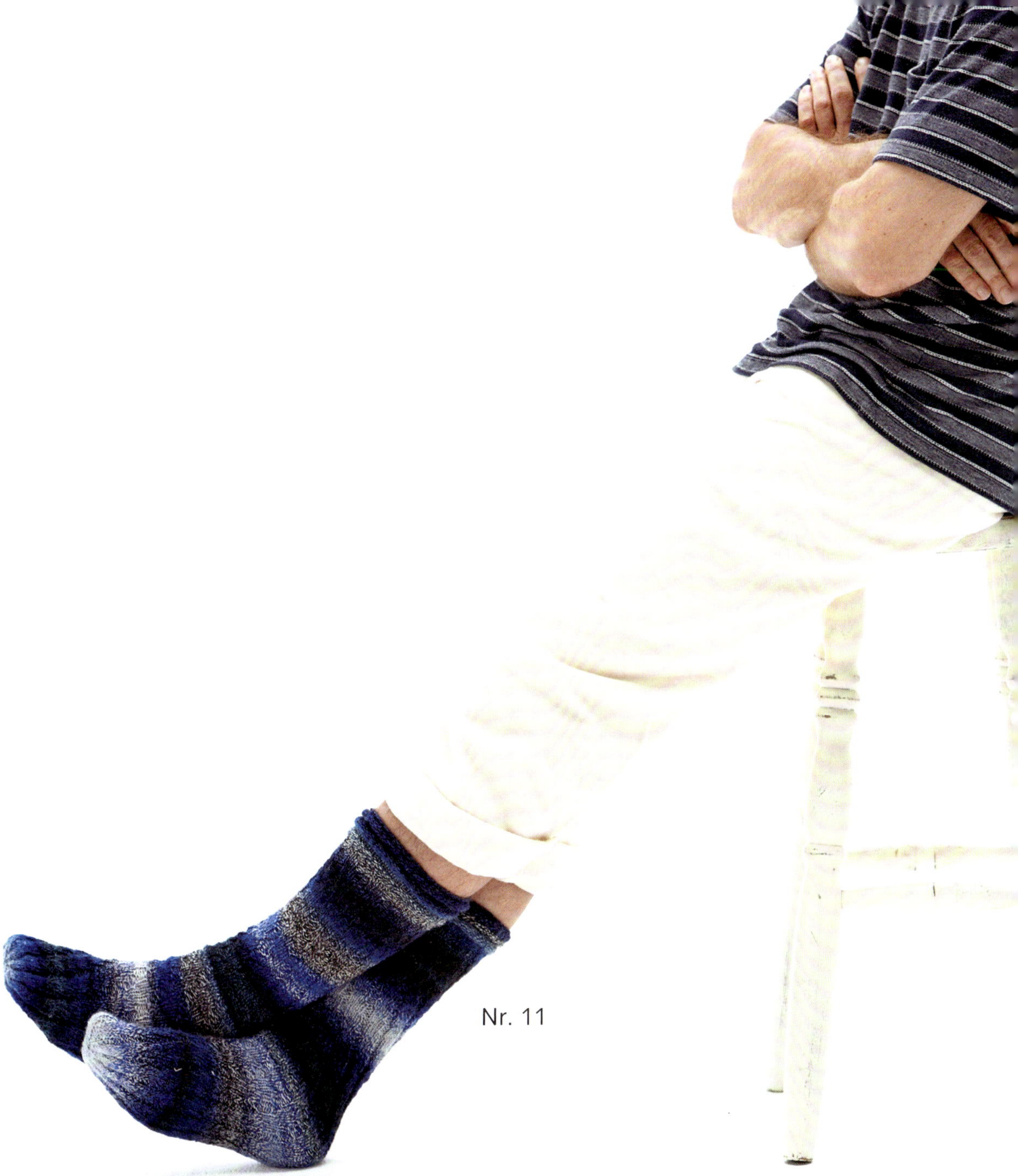

Nr. 11

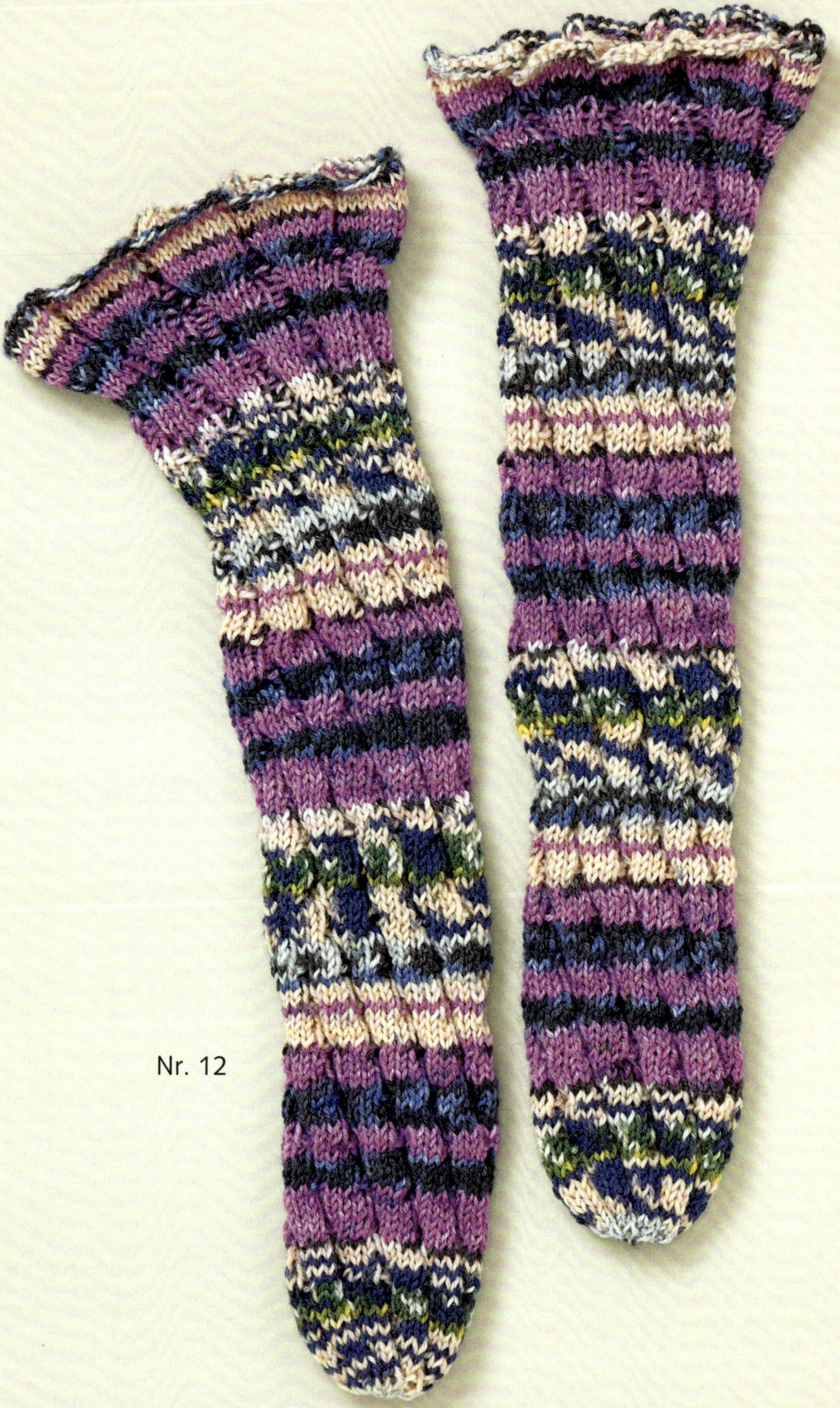

Nr. 12

Frill Socken mit Rüschenrand

Durch mehr Anschlagmaschen, die gleich wieder abgenommen werden, entstehen diese wogenden Rüschen. Das Muster ist leicht zu stricken und sieht sehr schick aus.

Wolle: Nr. 12: Opal Hundertwasser (3203), 65 g
Nr. 14: Schoppel Admiral Feuer (1566-1390), 80 g
Nadeln: Nadelspiel Stärke 3
Zubehör: Rundenmarkierer, Wollnadel
Maße: Länge Nr. 12: 36 cm, Länge Nr. 14: 42 cm

Strickanleitung (siehe S. 14–17)
100 M anschlagen und zur Rd schließen, 10 Rd im Rüschenmuster (8 M re, 2 M li im Wechsel) stricken. In der 11. Rd auf 60 M abnehmen, wie im Strickdiagramm angegeben, in der 12. Rd immer 4 M re, 2 M li im Wechsel stricken. In der nächsten Rd mit 1 M li anfangen und nach dem Diagramm mit Spiralmuster und Zehenteil fortfahren. Die zweite Socke auf dieselbe Weise stricken.

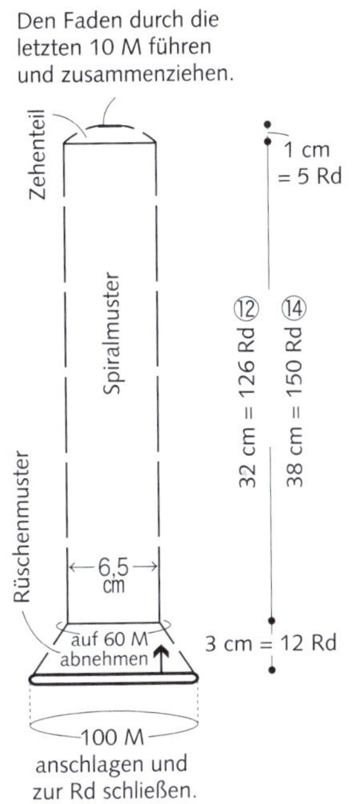

*Zahlen im Kreis = Modellnummern

Nr. 12

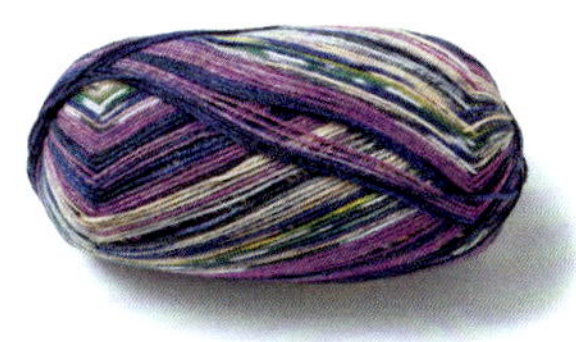

Strickdiagramm „Socken mit Rüschenrand"

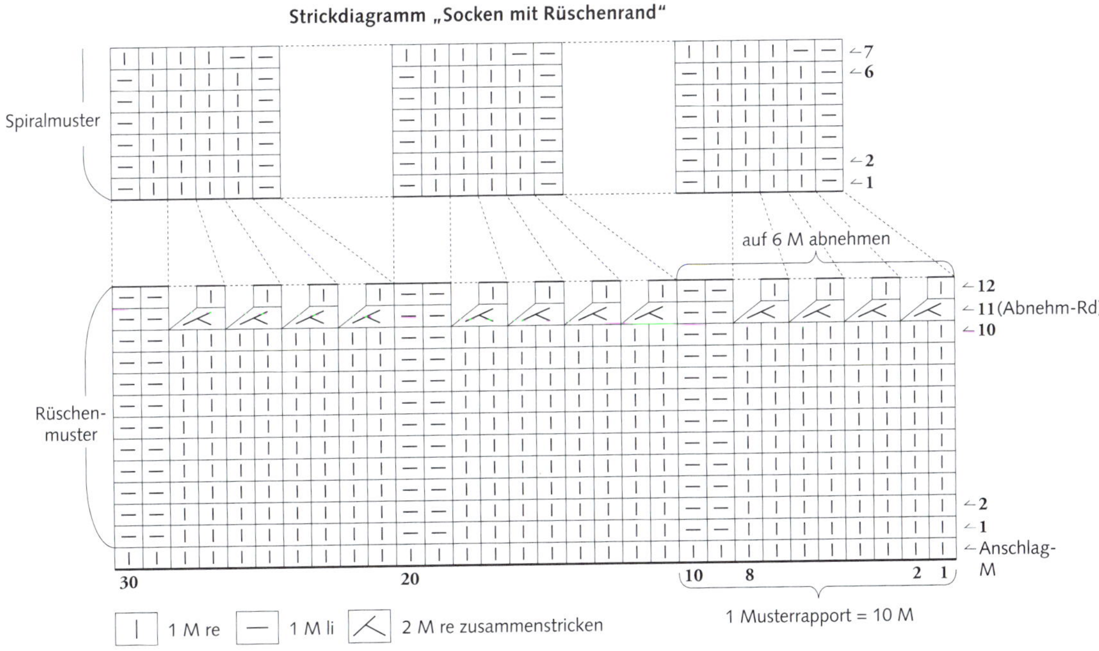

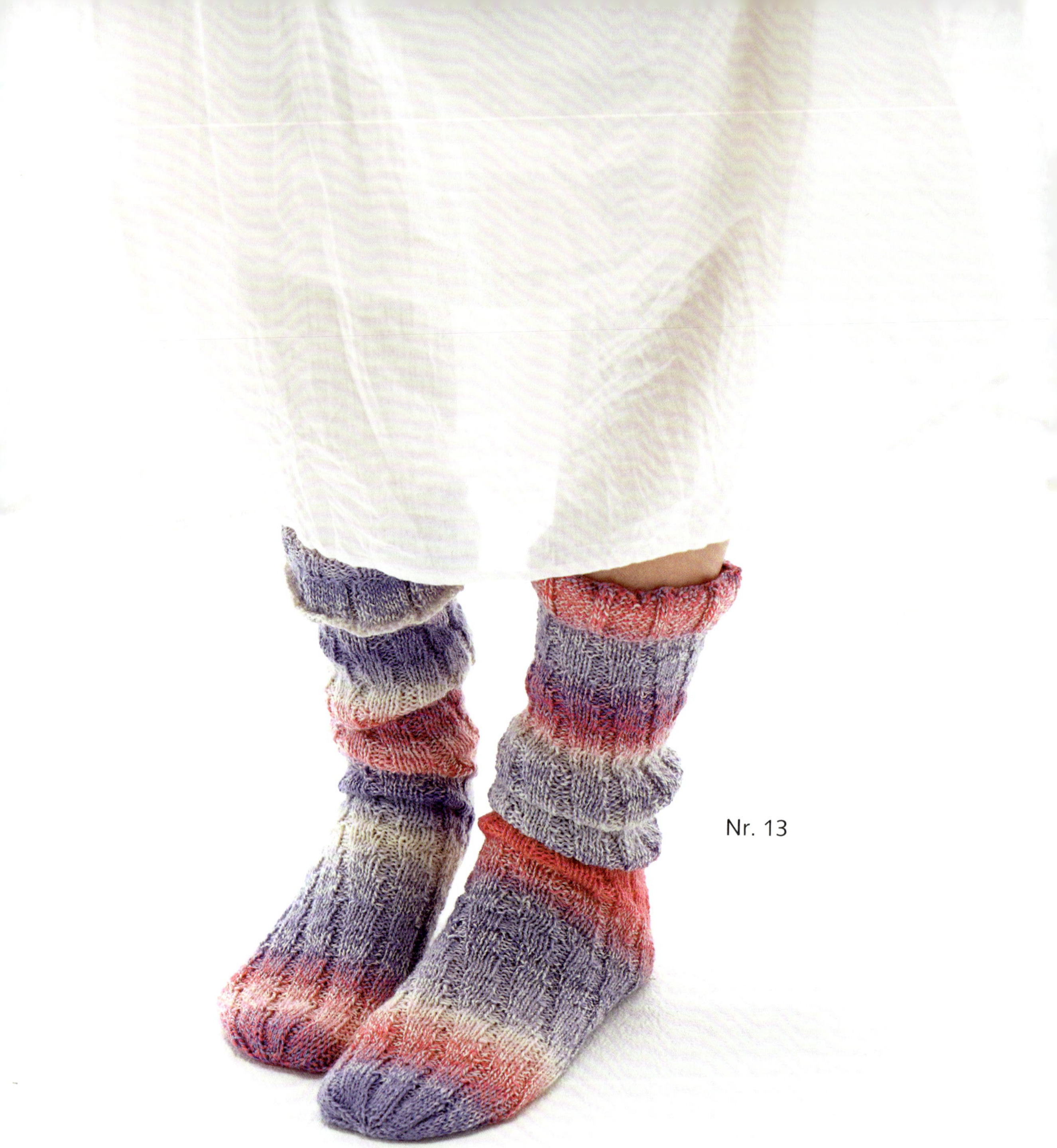

Nr. 13

Der Rüschenrand sieht umgeschlagen wie hochgezogen immer adrett aus. Anleitung auf Seite 70.

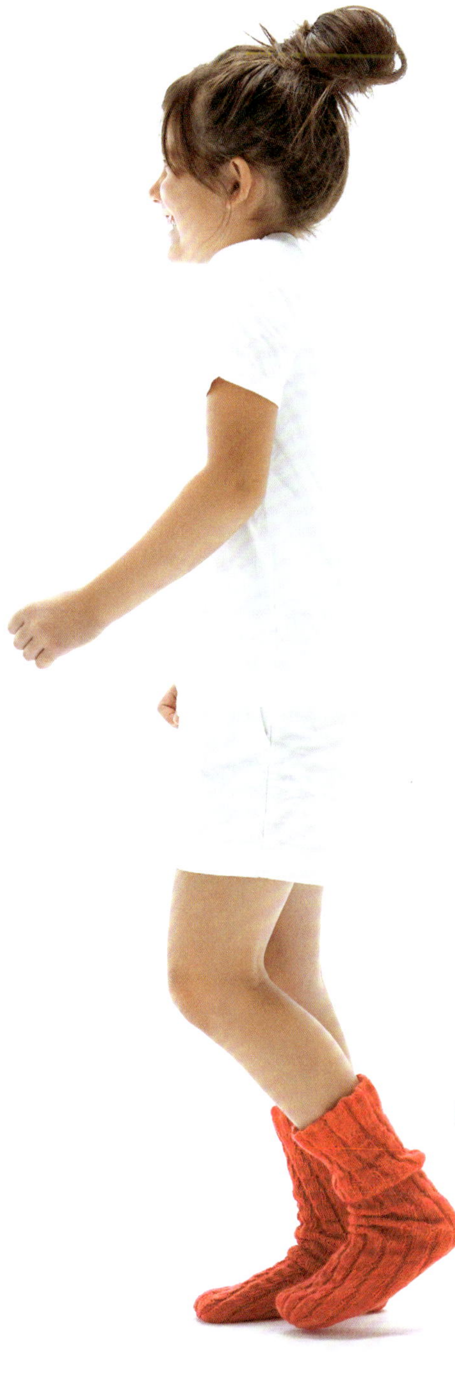

Nr. 14

Anleitung auf Seite 29.

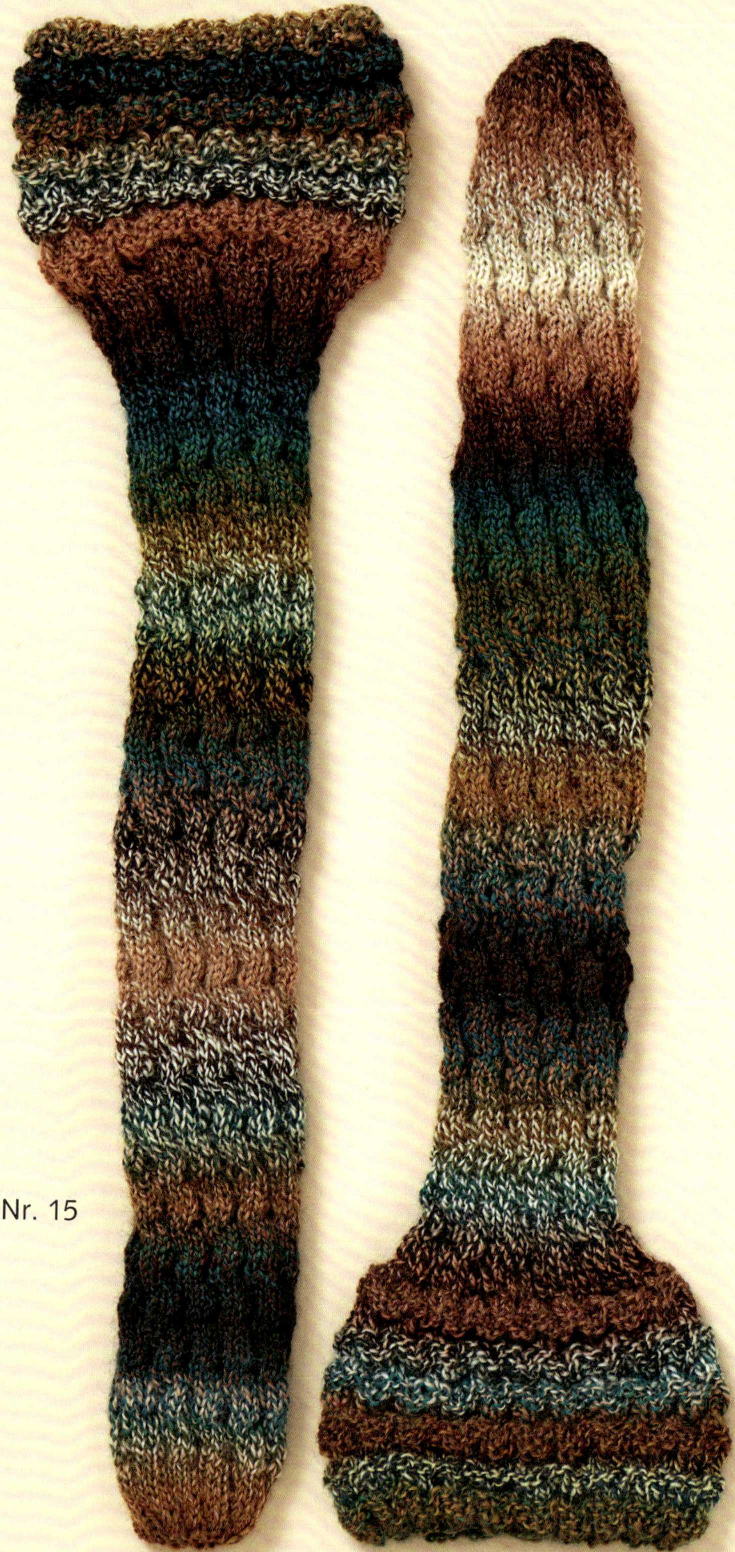

Nr. 15

K-Wave Wellenmuster-Socken

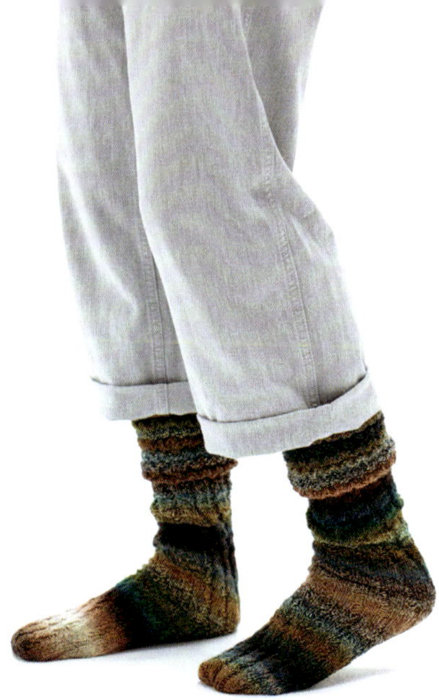

Diese Socken sehen sowohl hochgezogen als auch locker geschoppt ordentlich aus und halten die Knöchel schön warm. Da sie etwas fester gestrickt schöner wirken, können Sie auch stärkere Nadeln als Nr. 3 verwenden. Wegen der kleinen Wellen brauchen wir hier etwas mehr Wolle. Das Wellenmuster ist eine Eigenkreation, die auch Anfänger sofort meistern, und eignet sich auch gut für Mützen.

Wolle: Schoppel Crazy Zauberball (1153-2250), 95 g
Nadeln: Nadelspiel Stärke 3
Zubehör: Rundenmarkierer, Wollnadel
Maße: Länge 47 cm

Strickanleitung (siehe S. 14–17)
80 M anschlagen und zur Rd schließen, 48 Rd im Wellenmuster stricken. In der 49. Rd auf 60 M abnehmen wie im Strickdiagramm angegeben. Anschließend immer 4 M re, 2 M li im Wechsel stricken und mit Spiralmuster und Zehenteil fortfahren. Die zweite Socke auf dieselbe Weise stricken.

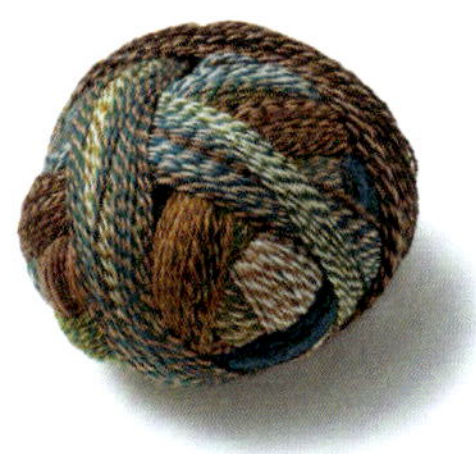

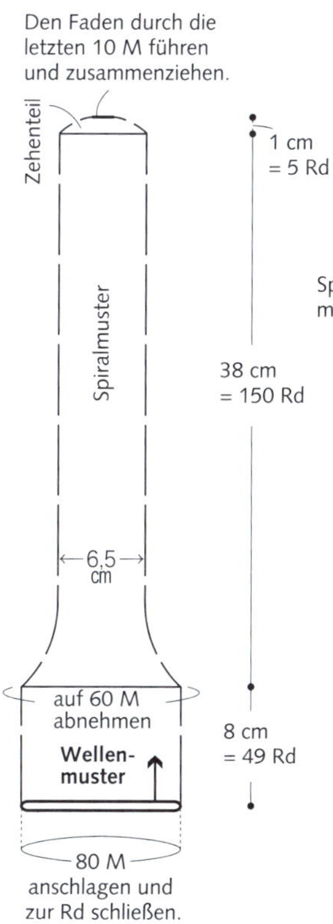

Strickdiagramm „Wellenmuster-Socken"

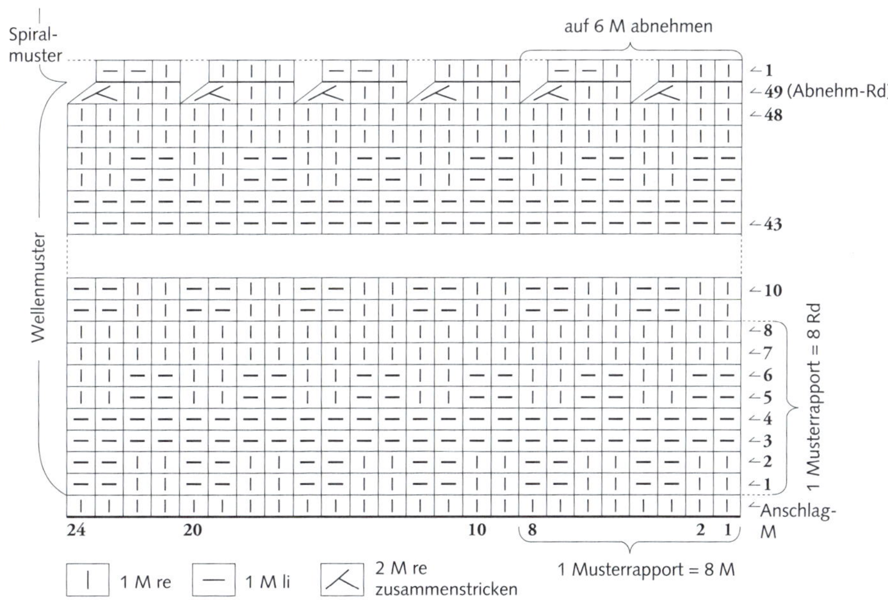

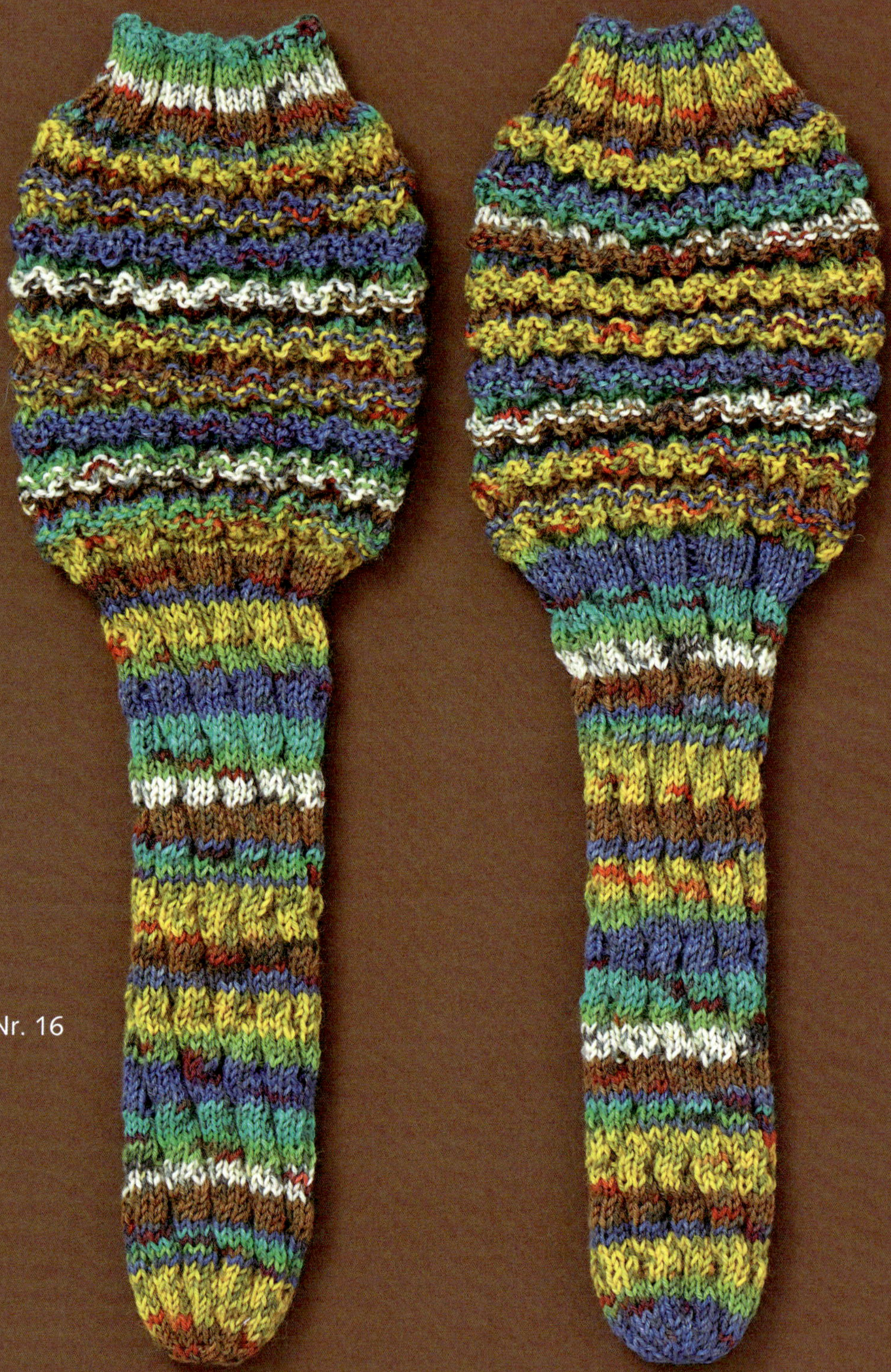

Nr. 16

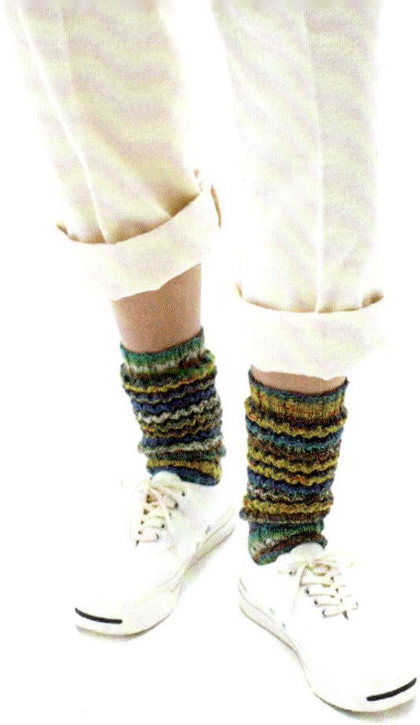

K-Wave Wellenmuster-Socken

Hier befindet sich das Wellenmuster nicht ganz oben, sondern im Sockenschaft. Um vom Rippenmuster auf das Wellenmuster zu wechseln, müssen Maschen zugenommen werden, die beim Wechsel zum Spiralmuster wieder abgenommen werden.

Wolle: Opal Hundertwasser 1 (1433), 90 g
Nadeln: Nadelspiel Stärke 3
Zubehör: Rundenmarkierer, Wollnadel
Maße: Länge 39 cm

Strickanleitung (siehe S. 14–17)
60 M anschlagen und zur Rd schließen, 11 Rd im Rippenmuster (4 M re, 2 M li) stricken, in der 12. Rd auf 80 M zunehmen wie im Strickdiagramm angegeben. 72 Rd im Wellenmuster stricken. In der 73. Rd auf 60 M abnehmen, wie im Strickdiagramm angegeben. Anschließend immer 4 M re, 2 M li im Wechsel stricken und mit Spiralmuster und Zehenteil fortfahren. Die zweite Socke auf dieselbe Weise stricken.

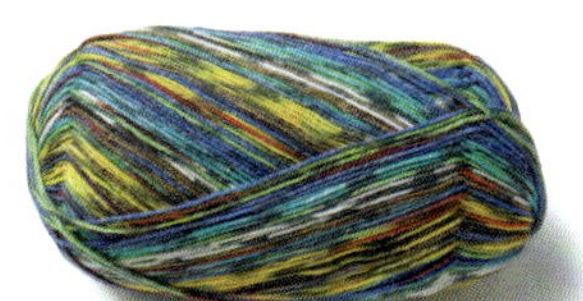

Strickdiagramm „Wellenmuster-Socken“

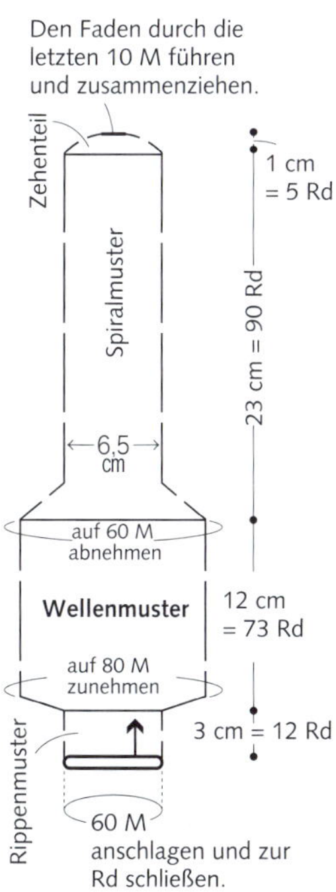

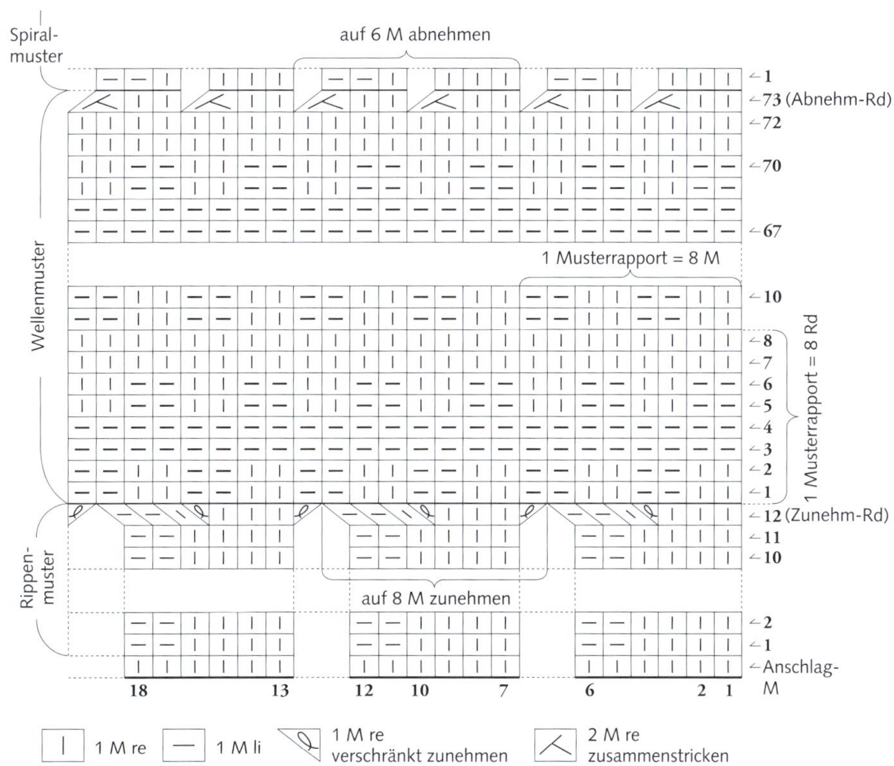

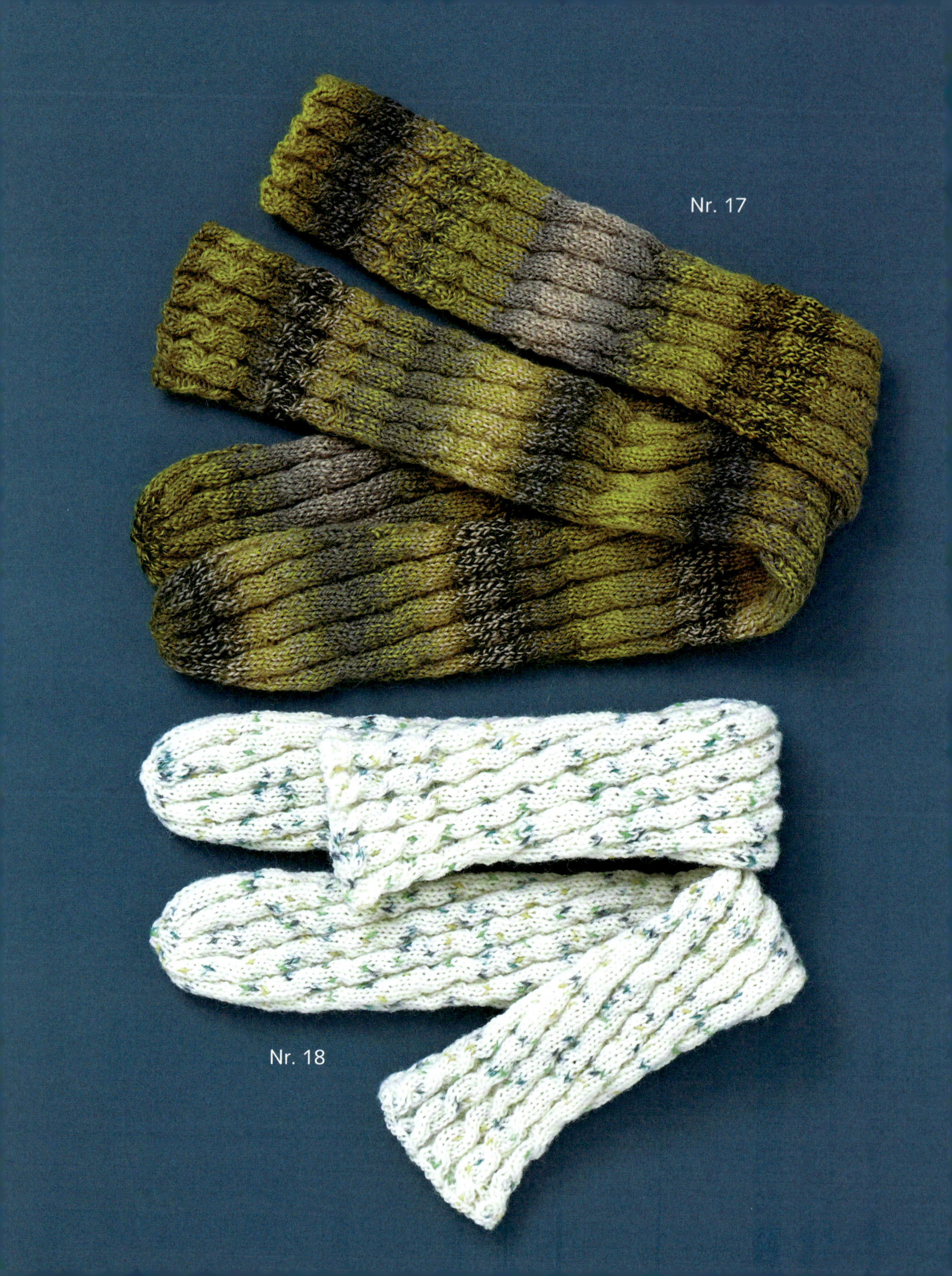

Cable Socks Socken mit Zopfmusterbündchen

Dieses klassische Standardmuster eignet sich für Herren- wie für Damensocken. Probieren Sie ruhig auch eigene Variationen in Länge oder Verkreuzungsrichtung der Zöpfe aus!

Wolle: Nr. 17: Schoppel Crazy Zauberball (1153-2204), 100 g
Nr. 18: Regia 4 Ply Color (01400), 85 g
Nadeln: Nadelspiel Stärke 3
Zubehör: Zopfmusternadel, Rundenmarkierer, Wollnadel
Maße: Länge Nr. 17: 59 cm, Länge Nr. 18: 42 cm

Strickanleitung (siehe S. 14–17)
60 M anschlagen und zur Rd schließen. Über die angegebene Anzahl von Rd im Zopfmuster stricken. Anschließend mit 1 M li anfangen und mit Spiralmuster und Zehenteil fortfahren. Die zweite Socke auf dieselbe Weise stricken.

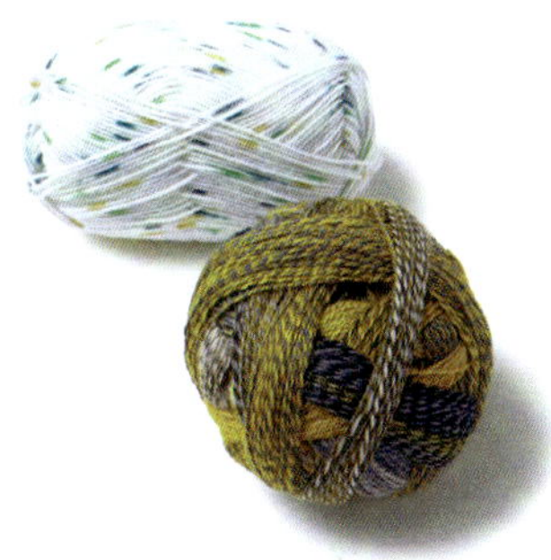

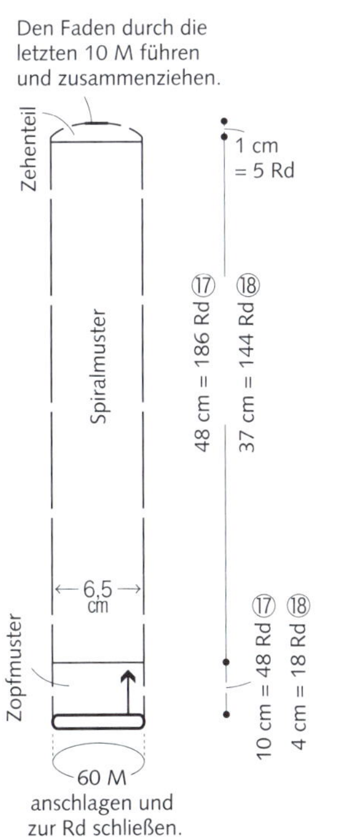

*Zahlen im Kreis = Modellnummern

Strickdiagramm „Socken mit Zopfmusterbündchen"

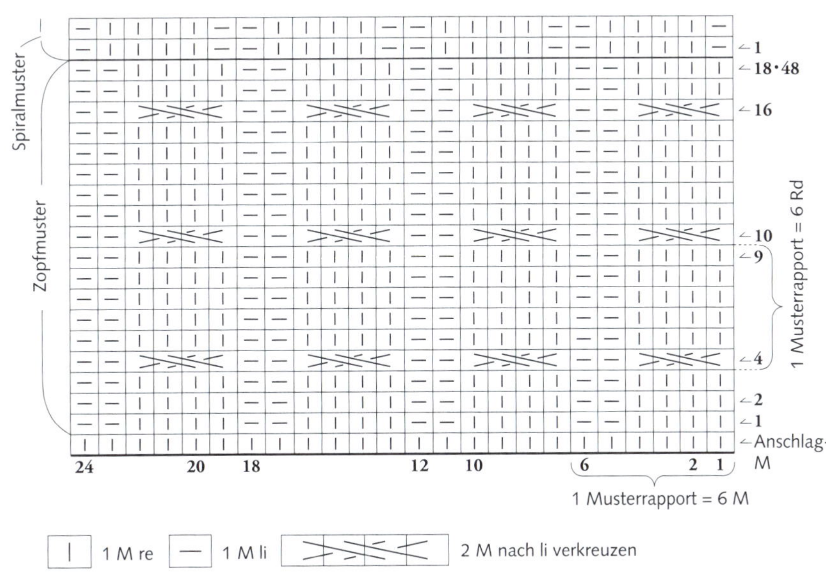

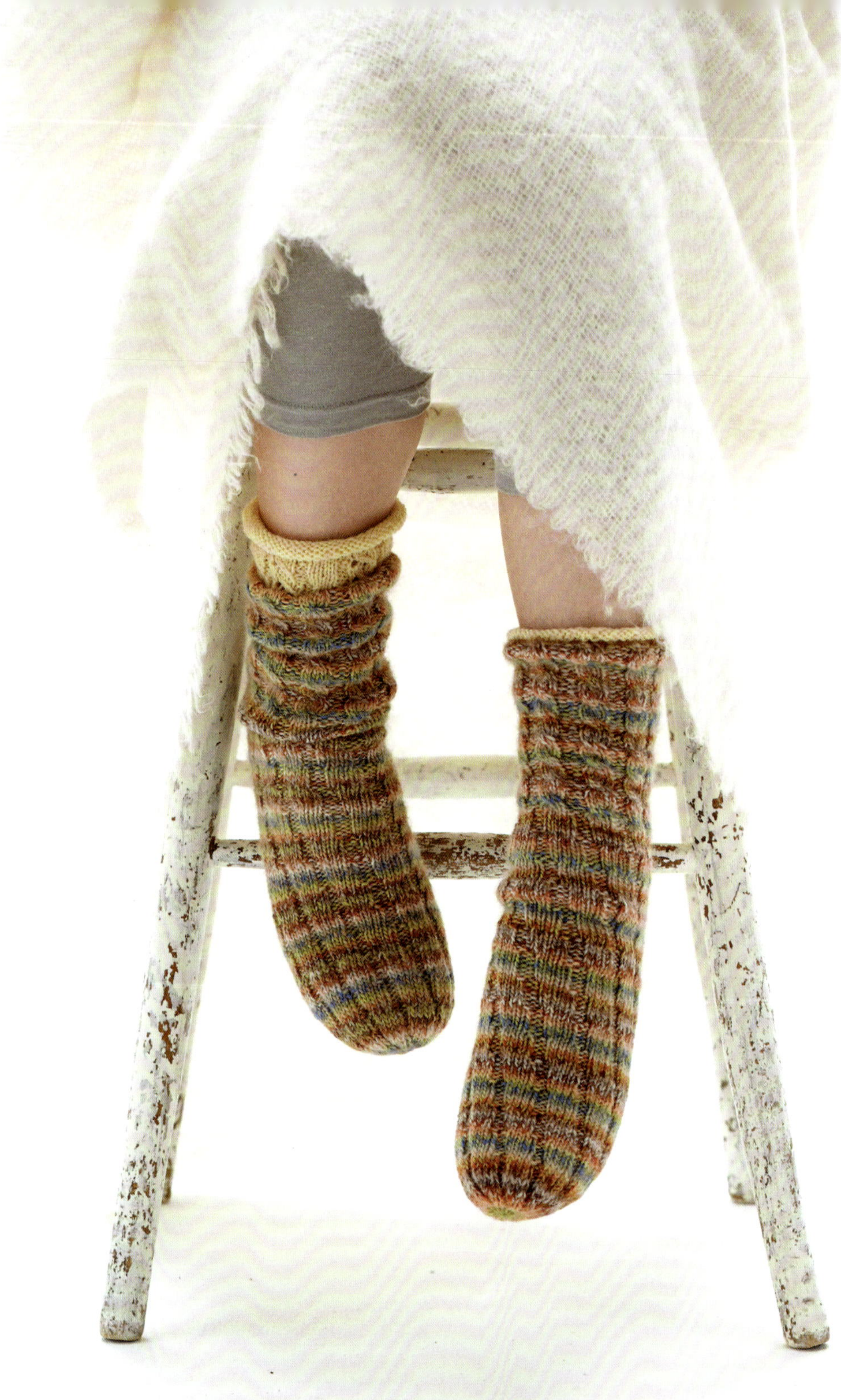

Over Socks Übersocken

Diese Socken halten auch in der kalten Jahreszeit kuschelig warm und schützen im Haus vor Zugluft. Man kann sie auch gut aus Wollresten statt aus Sockenwolle stricken. Geeignet sind alle Garne, die sich mit Nadeln der Stärke 3,5 verarbeiten lassen. Die hier gezeigten Modelle habe ich aus einem hochwertigen Garn mit 90 % Schurwolle und 10 % Mohair gestrickt.

Wolle: Nr. 19: Puppy Lecce (403), 50 g
Nr. 20: Puppy Lecce (409), 70 g
Nadeln: Nadelspiel Stärke 3,5
Zubehör: Zopfmusternadel, Rundenmarkierer, Wollnadel
Maße: Länge Nr. 19: 33 cm, Länge Nr. 20: 45 cm

Strickanleitung (siehe S. 14–17)
60 M anschlagen und zur Rd schließen. Über die angegebene Anzahl von Rd im Zopfmuster stricken (siehe Strickdiagramm auf S. 37). Anschließend mit 1 M li anfangen und mit Spiralmuster und Zehenteil fortfahren. Die zweite Socke auf dieselbe Weise stricken.

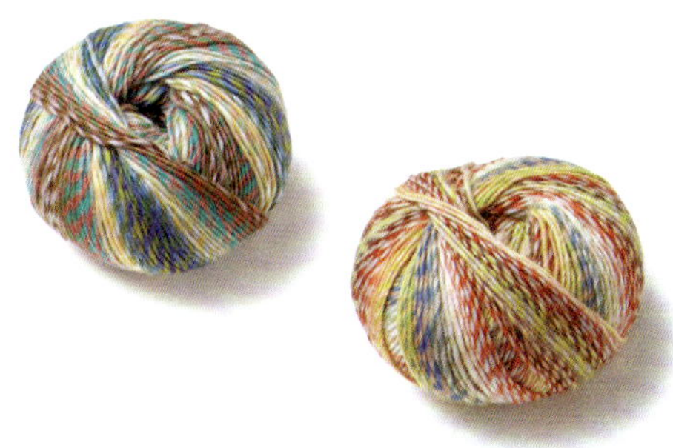

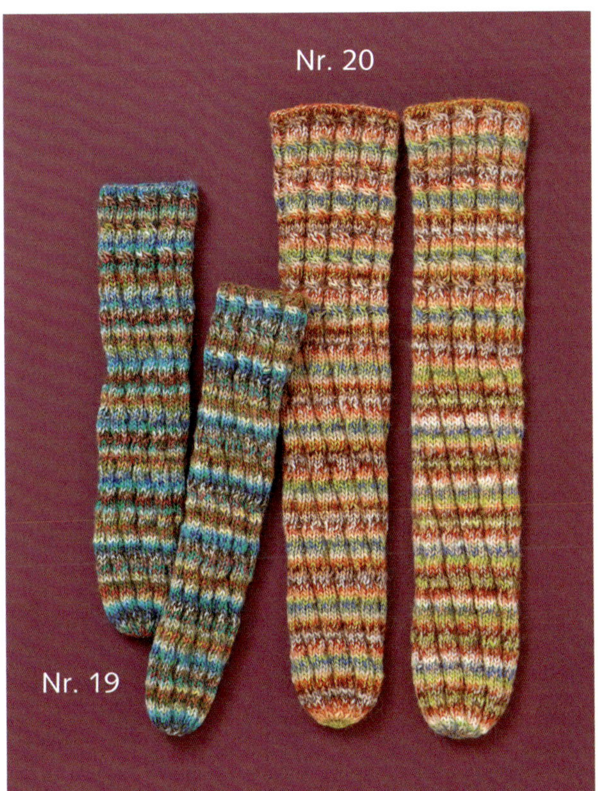

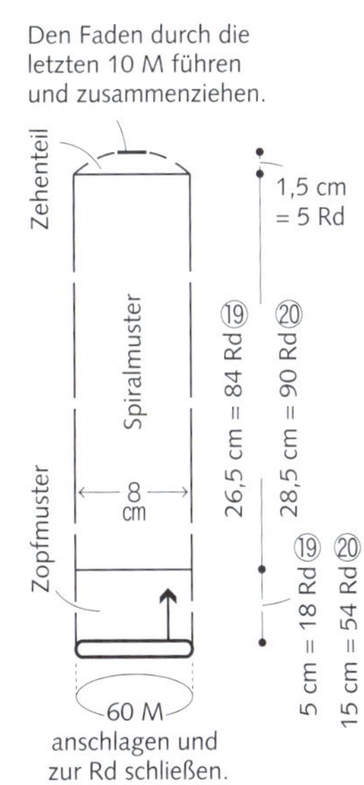

*Zahlen im Kreis = Modellnummern

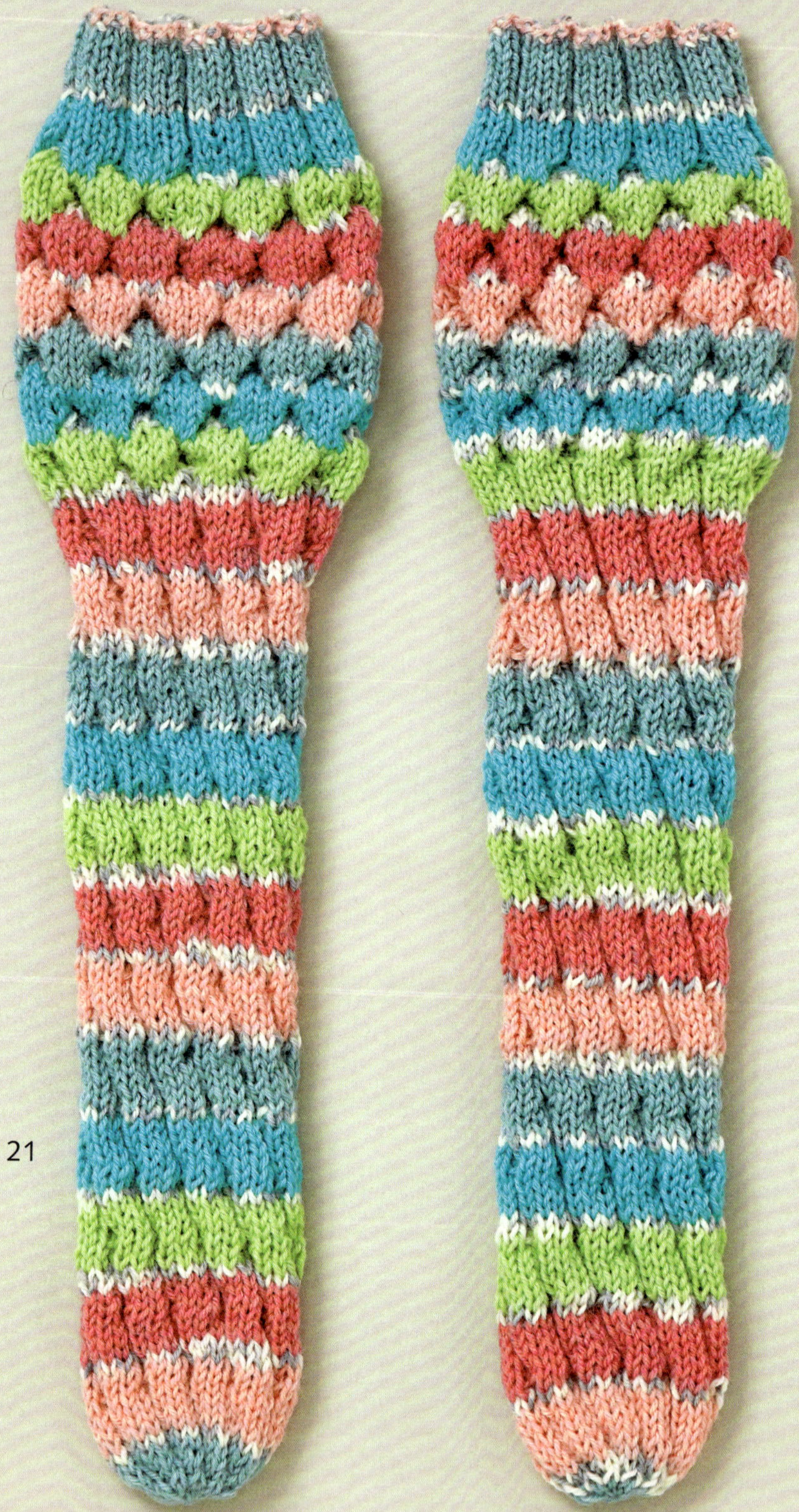

Nr. 21

Dimple Socks Rautensocken

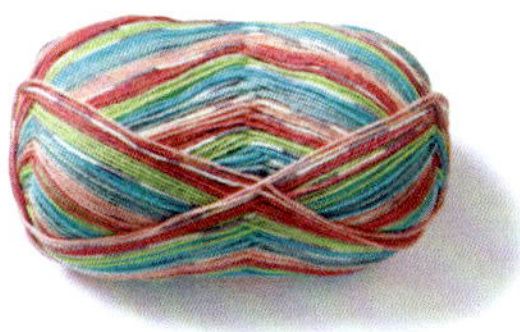

Der Clou an diesen Socken ist das plastische Zickzackmuster. Das Muster ist eher etwas für Fortgeschrittene.

Wolle: Schoppel Admiral R Druck (1566R-1745int), 75 g
Nadeln: Nadelspiel Stärke 3
Zubehör: Rundenmarkierer, Wollnadel
Maße: Länge 35 cm

Strickanleitung (siehe S. 14–17)
60 M anschlagen und zur Rd schließen, 12 Rd im Rippenmuster stricken (4 M re, 2 M li im Wechsel). Anschließend 48 Rd im Rautenmuster stricken. Danach immer 4 M re, 2 M li im Wechsel stricken und mit Spiralmuster und Zehenteil fortfahren. Die zweite Socke auf dieselbe Weise stricken.

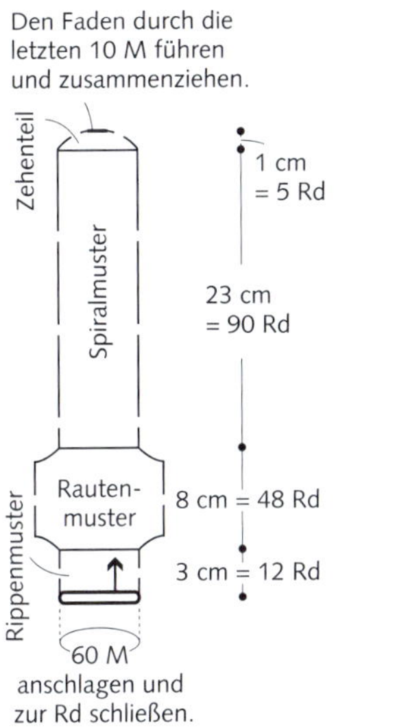

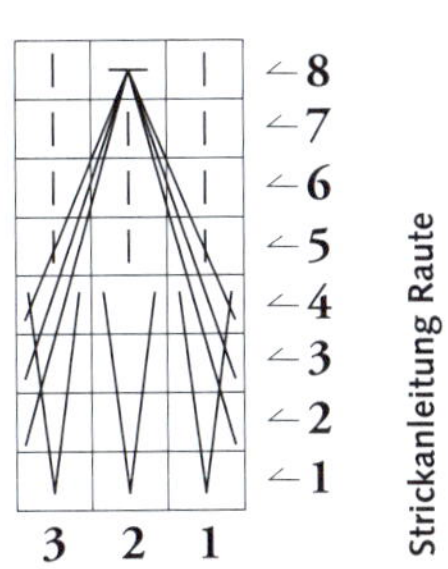

Rd 1: 3 M re
Rd 2 bis Rd 4:
M abheben (den Faden hinter den M mitführen)
Rd 5 bis Rd 7: 3 M re
Rd 8: 1 M re, die 3 Fäden hinter der Masche aus Rd 2 bis Rd 4 auf die linke Nadel nehmen und mit der folgenden M li zusammenstricken, 1 M re

Strickdiagramm „Rautensocken"

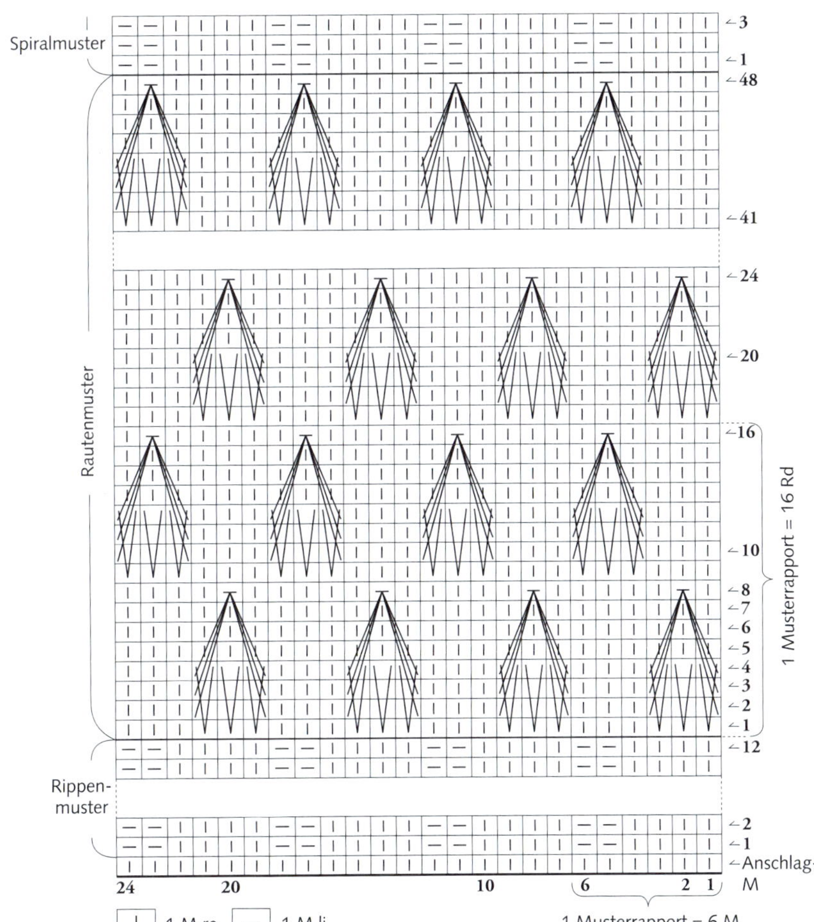

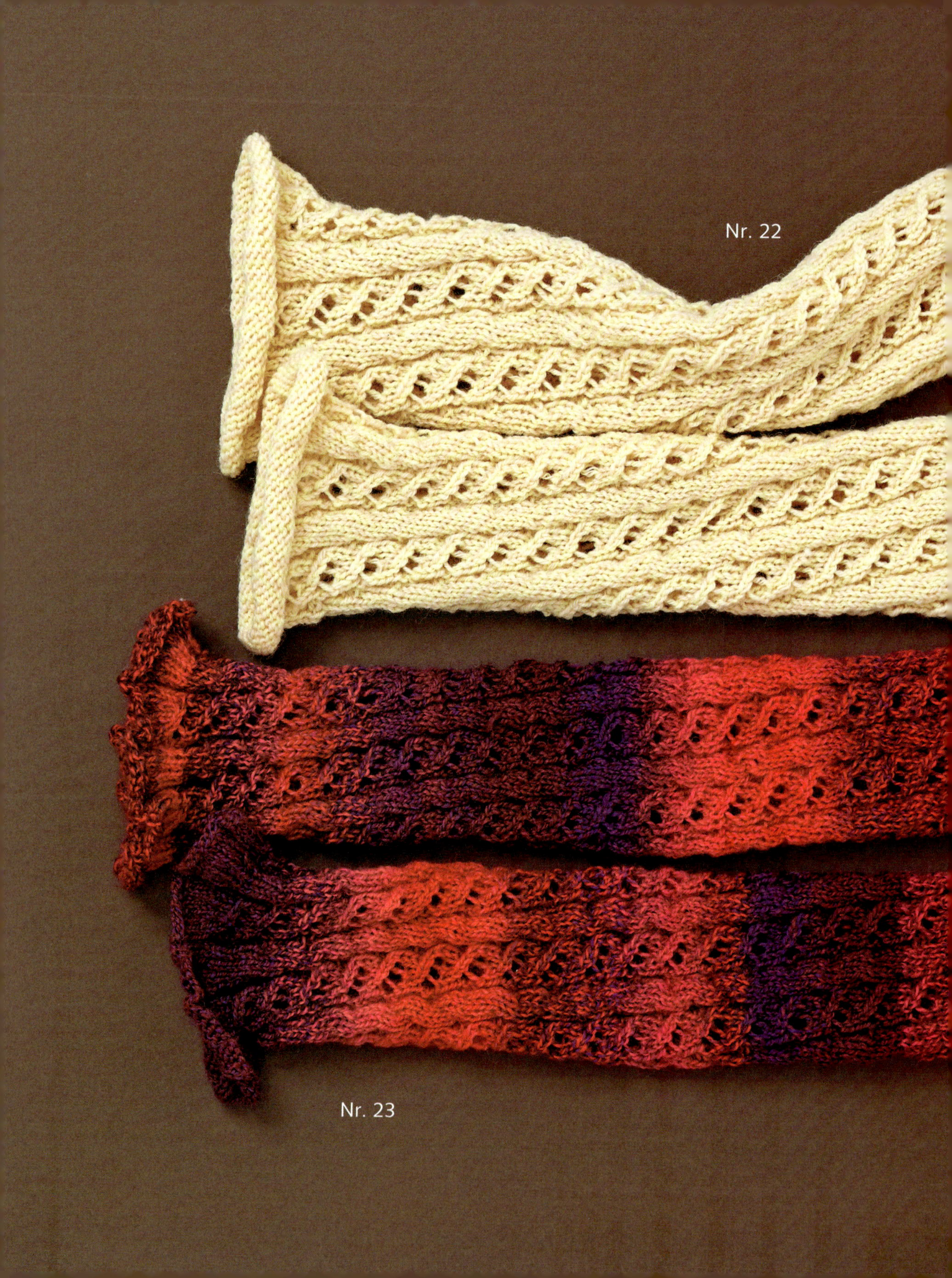
Nr. 22
Nr. 23

Lace socks Socken mit Spitzenmuster

Bei diesem Modell peppt ein Spitzenmuster das 246-Spiralmuster auf. Da es nicht so häufig wiederholt wird, sind die Socken insgesamt einfach zu stricken. Ich nenne sie daher „Lazy Lace" („faules Spitzenmuster").

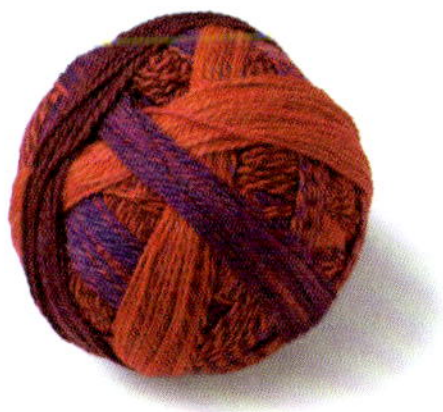

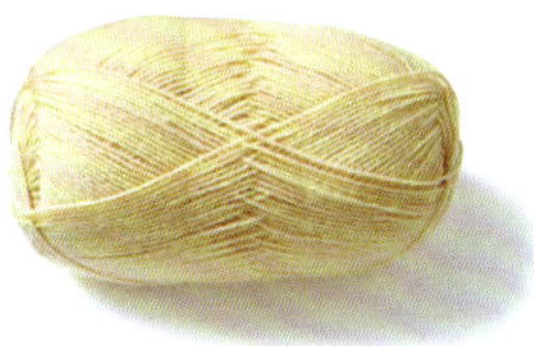

Wolle: Nr. 22: Schoppel Admiral Vanille (1566-0320), 70 g
Nr. 23: Schoppel Crazy Zauberball (1153-2095), 75 g
Nadeln: Nadelspiel Stärke 3
Zubehör: Rundenmarkierer, Wollnadel
Maße: Länge Nr. 22: 35 cm, Länge Nr. 23: 41 cm

Strickanleitung (siehe S. 14–17)
Die angegebene Anzahl von M für Nr. 22 bzw. 23 anschlagen und zur Rd schließen; für Nr. 22 einen Rollrand (S. 21), für Nr. 23 einen Rüschenrand (S. 29) stricken. Anschließend mit dem Spitzenmuster fortfahren, wie im Diagramm angegeben. Das Zehenteil wie bei den einfachen Spiralsocken stricken. Die zweite Socke auf dieselbe Weise anfertigen.
*Aus den Umschlägen und Überzügen entsteht ein durchsichtiges Muster. Durch die Umschläge wird jeweils eine Masche zugenommen, die beim folgenden Überzug aber wieder abgenommen wird – die Maschenzahl ändert sich also nicht.

Nr. 22

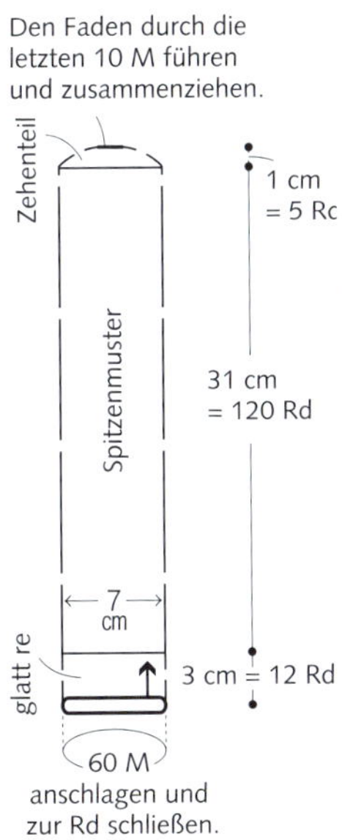

Nr. 23

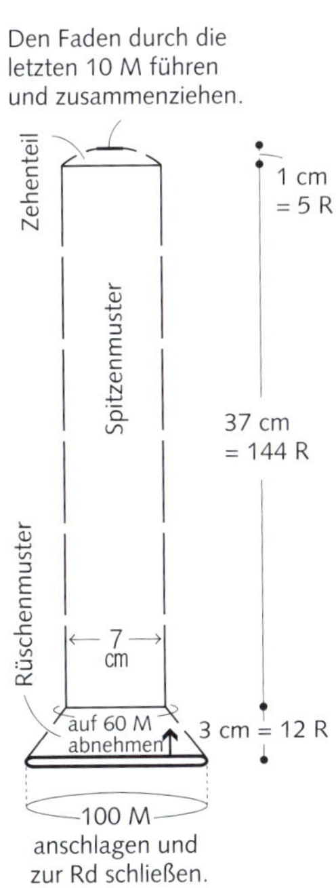

Strickdiagramm „Socken mit Spitzenmuster"

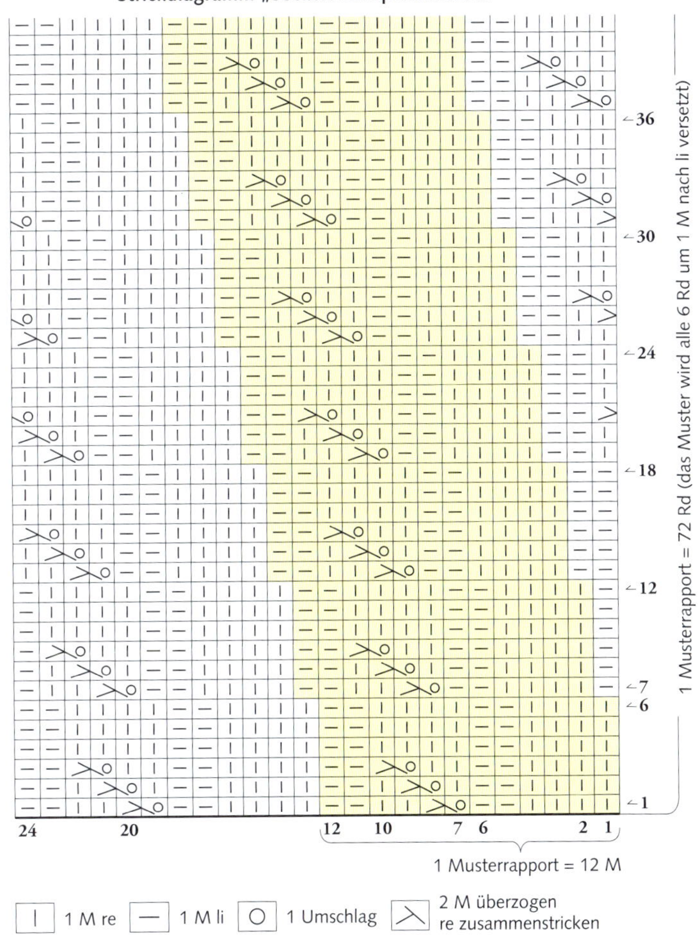

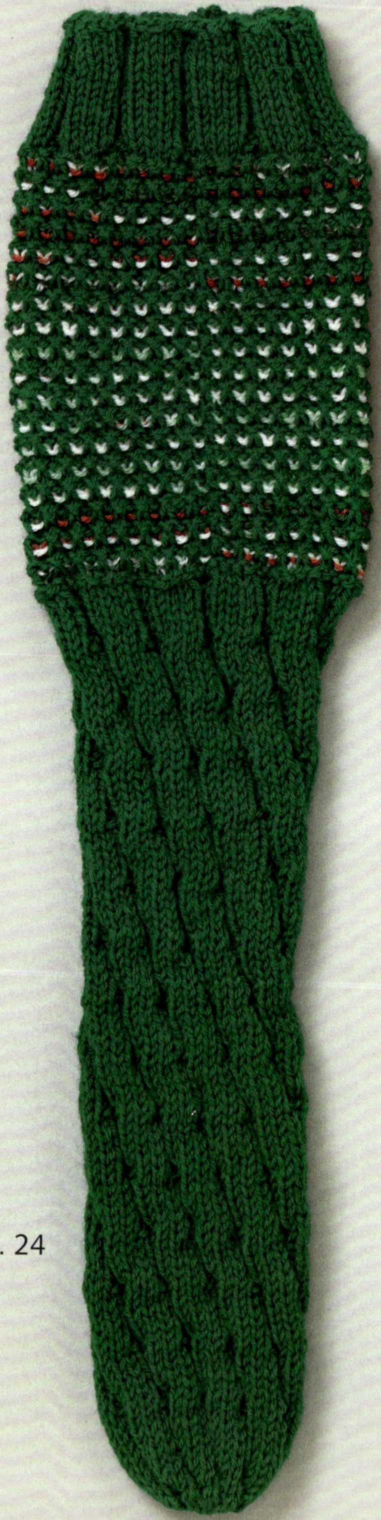

Nr. 24

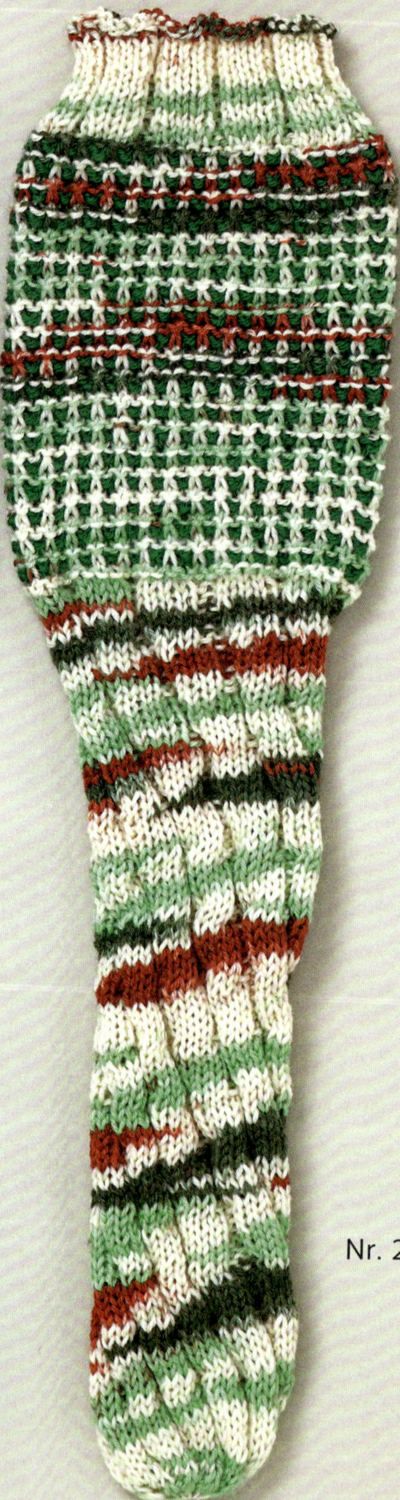

Nr. 25

Check Socks Schachbrett-Socken

Bei diesem Modell kommt ein einfaches Abhebemuster zum Einsatz. Es ist schön elastisch und hält die Knöchel warm. Für jede Variante braucht man jeweils ein Knäuel Regenbogengarn und ein einfarbiges Knäuel; um keine Wolle zu vergeuden, habe ich mir deshalb jeweils zwei verschiedene Varianten ausgedacht. Das Muster eignet sich übrigens nicht nur für Socken, sondern z. B. auch für Pullover.

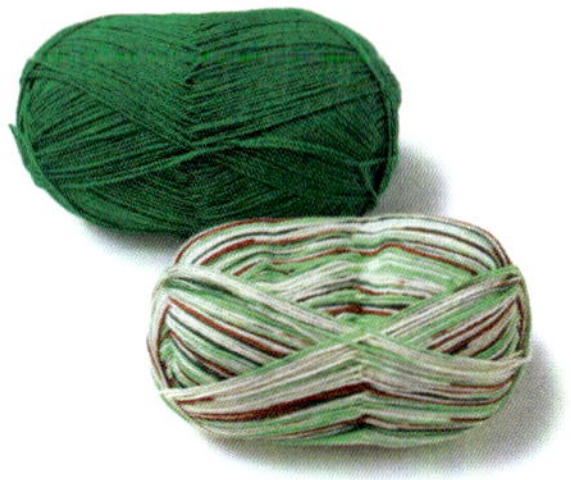

Wolle: Schoppel Admiral Marsgrün (1566-6601), Nr. 24 (Farbe a): 60 g, Nr. 25 (Farbe b): 20 g
Schoppel Admiral Flakes (1566Fla-2021fl), Nr. 24 (Farbe b): 20 g, Nr. 25 (Farbe a): 60 g
Schoppel Admiral Blassrosa (1566-7810), Nr. 26 (Farbe a): 60 g, Nr. 27 (Farbe b): 20 g
Schoppel Crazy Zauberball (1533-2170), Nr. 26 (Farbe b): 20 g, Nr. 27 (Farbe a): 60 g

Nadeln: Nadelspiel Stärke 3

Zubehör: Rundenmarkierer, Wollnadel

Maße: Länge Nr. 24, Nr. 25, Nr. 26, Nr. 27: 40 cm

Nr. 24 • 25 • 26 • 27

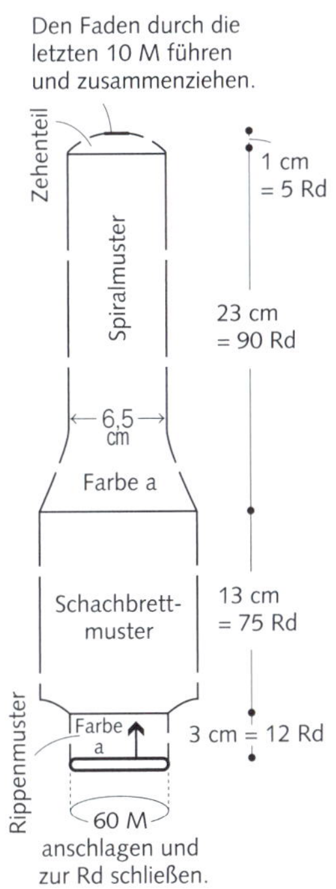

Strickanleitung für Nr. 24–27 (siehe S. 14–17)

60 M in Farbe a anschlagen und zur Rd schließen, 12 Rd im Rippenmuster stricken (4 M re, 2 M li im Wechsel). Über 75 Rd mit Farbe a und Farbe b im Schachbrettmuster stricken wie im Diagramm angegeben. Danach mit Farbe a immer 4 M re, 2 M li im Wechsel stricken und mit Spiralmuster und Zehenteil fortfahren. Die zweite Socke auf dieselbe Weise stricken.

Strickdiagramm „Schachbrett-Socken"

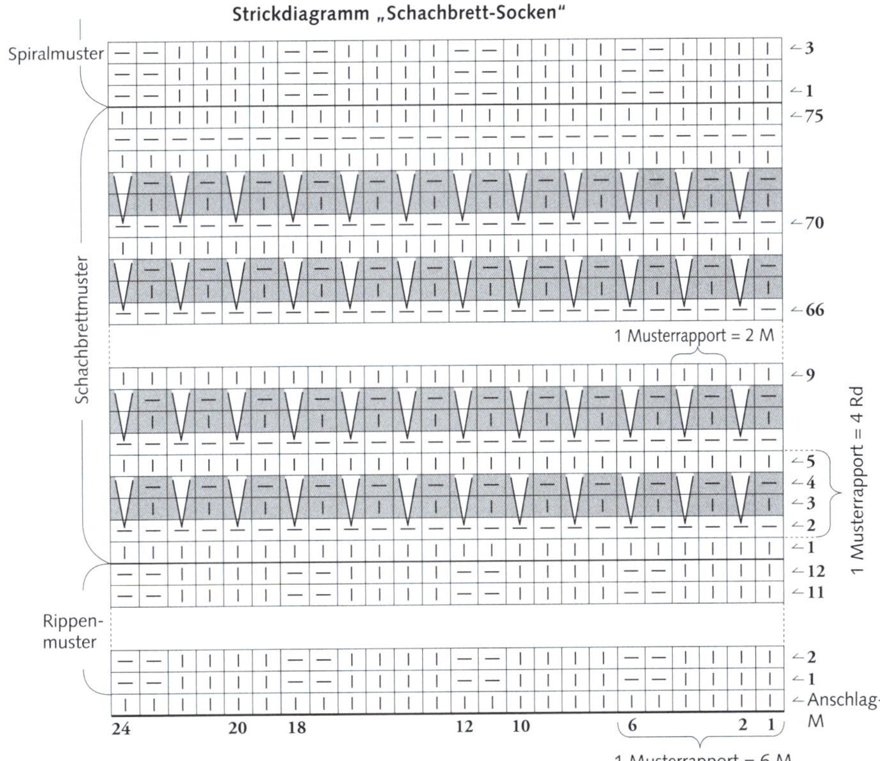

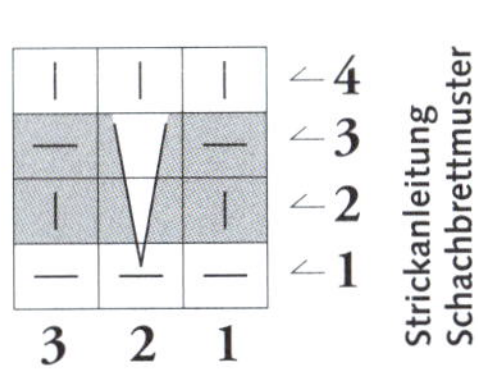

Rd 1: 3 M li in Farbe a
Rd 2: 1 M re in Farbe b, 1 M abheben, 1 M re
Rd 3: 1 M li in Farbe b, 1 M abheben, 1 M li
*Faden hinter der abgehobenen M mitführen
Rd 4: 3 M re in Farbe a

| re M (Farbe a)
— li M (Farbe a)
V in 2 Rd M abheben (li M)
| re M (Farbe b)
— li M (Farbe b)

Nr. 26

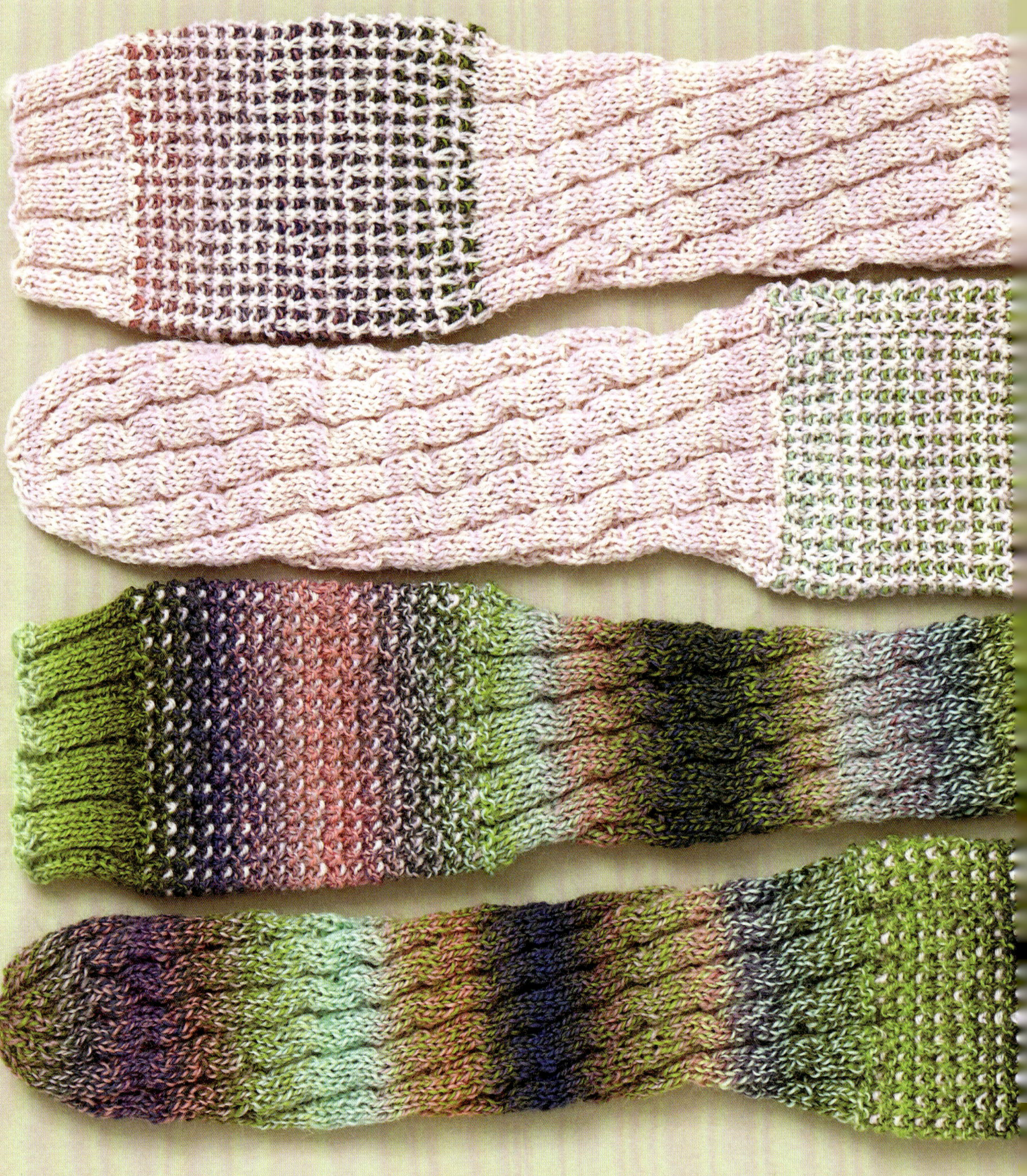

Nr. 27

Wie bei Nr. 24 und 25 auf Seite 44 werden hier Regenbogengarne und einfarbige Garne zusammen verarbeitet. Aus derselben Wolle entstehen so zwei ganz unterschiedlich aussehende Sockenpaare.

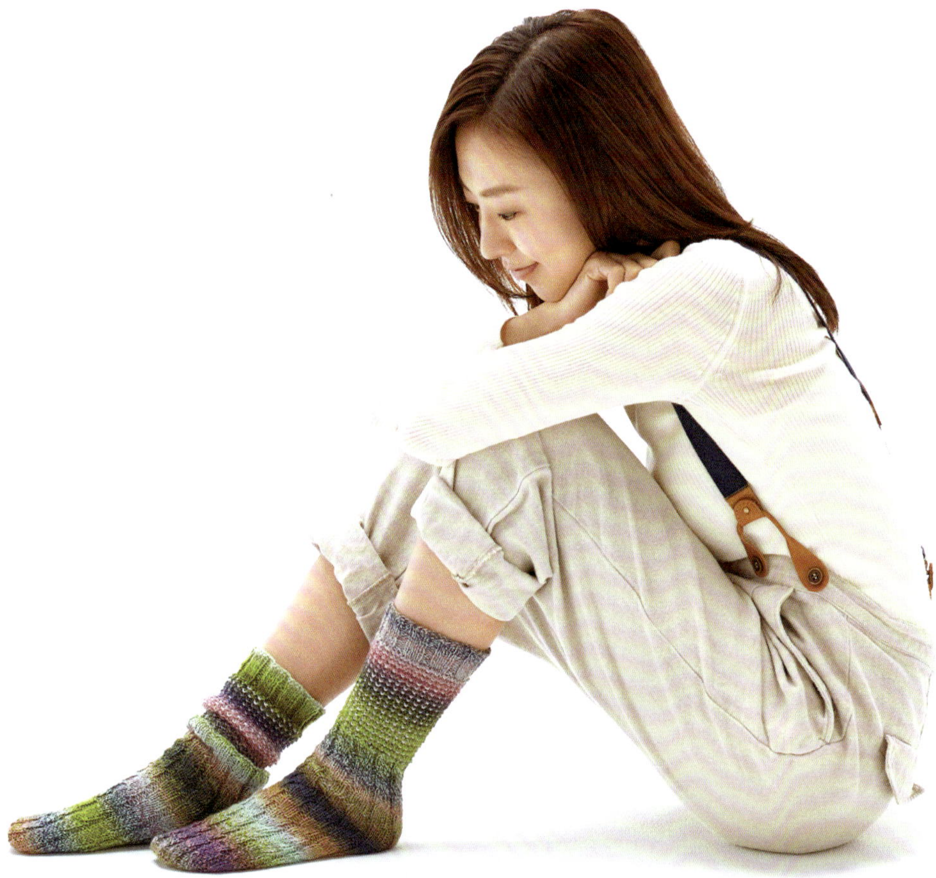

Anleitung auf Seite 45

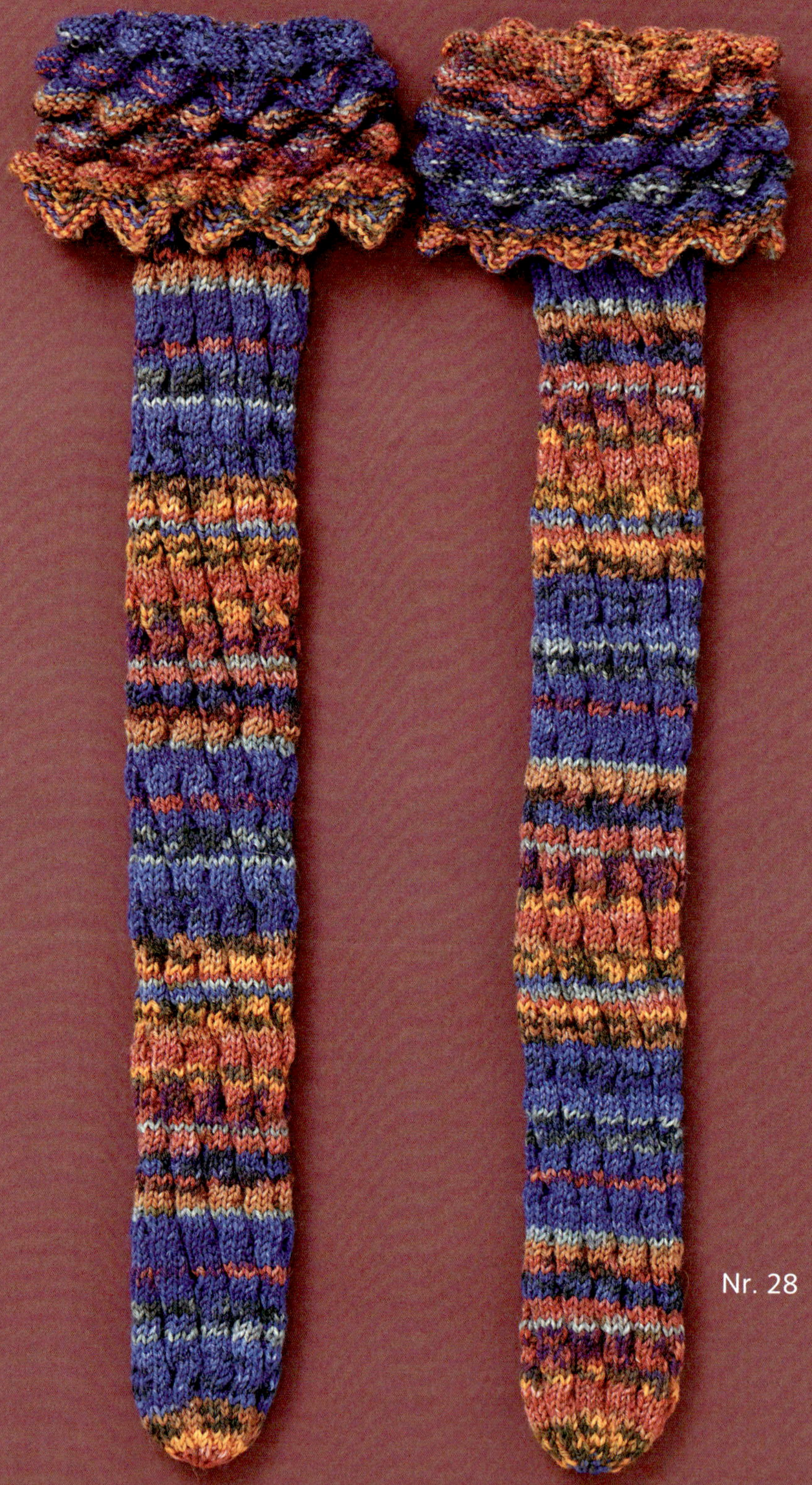

Nr. 28

Spiky Socks Stachelsocken

Mit diesem Muster erzeugte man schon um 1840 eine Art Ananasmuster. Da die Spitzen gerade beim Umschlagen schön zur Geltung kommen, kann man die Socken auch extralang stricken und sie über den Stiefelrand klappen.

Wolle: Opal Hundertwasser 3207, 100 g
Nadeln: Nadelspiel Stärke 3
Zubehör: Rundenmarkierer, Wollnadel
Maße: Länge 57 cm (umgeschlagen 49 cm)

Strickanleitung (siehe S. 14–17)
100 M anschlagen und zur Rd schließen, 35 Rd im Stachelmuster stricken (in Rd 32–35 mithilfe des Musters auf 60 M abnehmen). Anschließend immer 4 M re, 2 M li im Wechsel stricken und mit Spiralmuster und Zehenteil fortfahren. Die zweite Socke auf dieselbe Weise stricken.

Strickdiagramm „Stachelsocken"

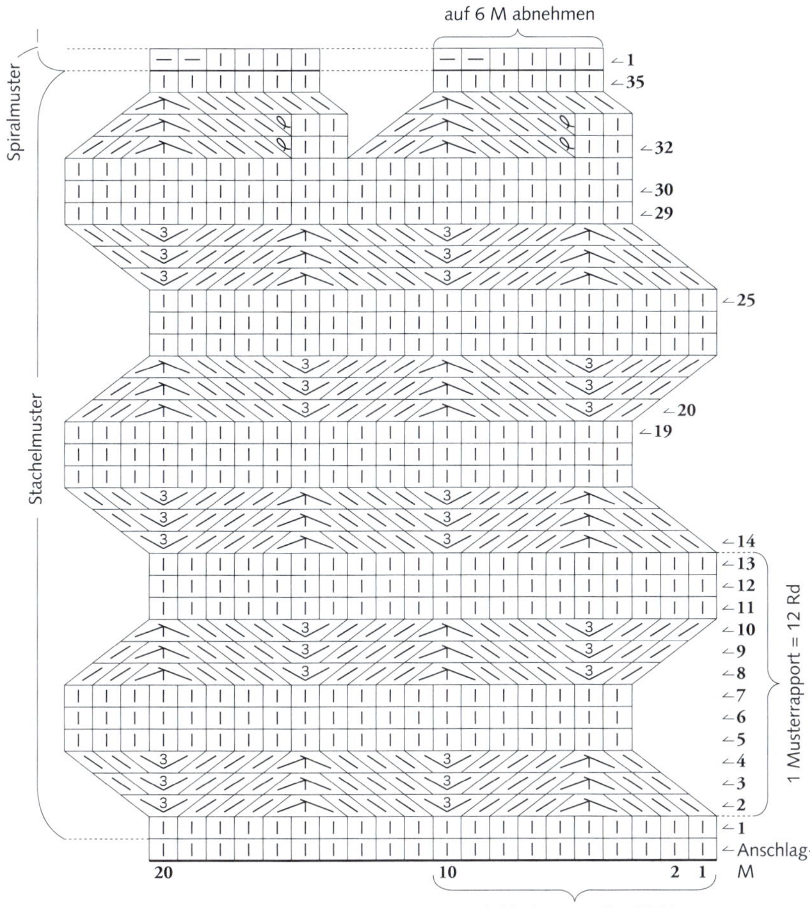

1 M re

3 M überzogen re zusammenstricken

1 M re verschränkt zunehmen

aus 1 M 3 M re herausstricken

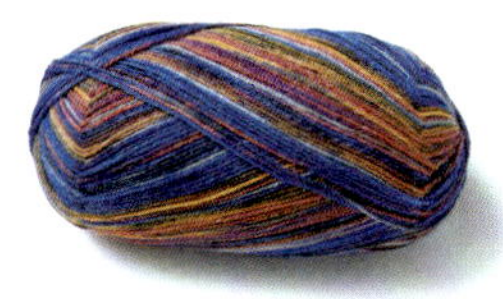

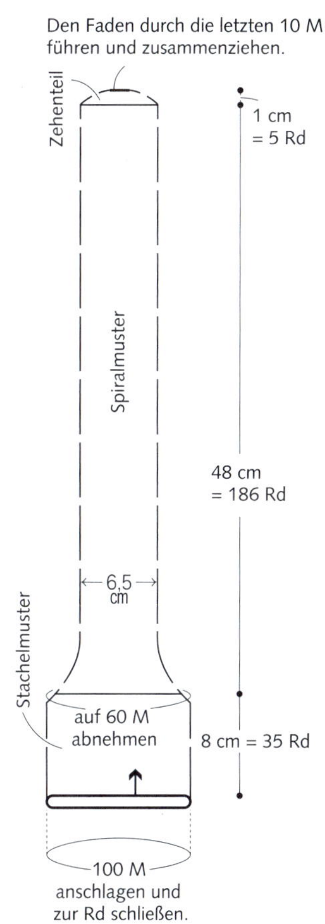

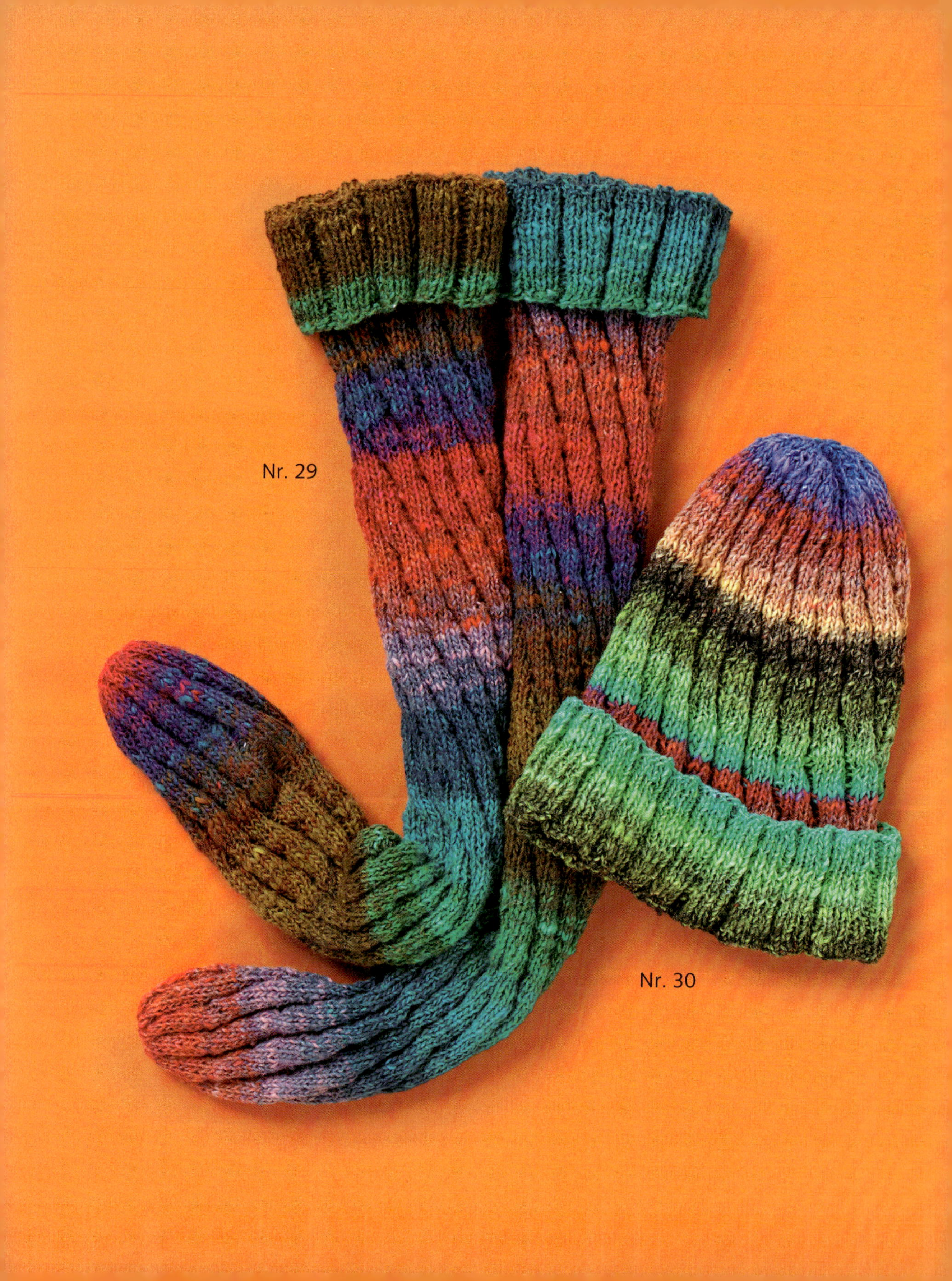
Nr. 29
Nr. 30

Noro Socks & Hat
Noro-Socken und Noro-Mütze

Nr. 30

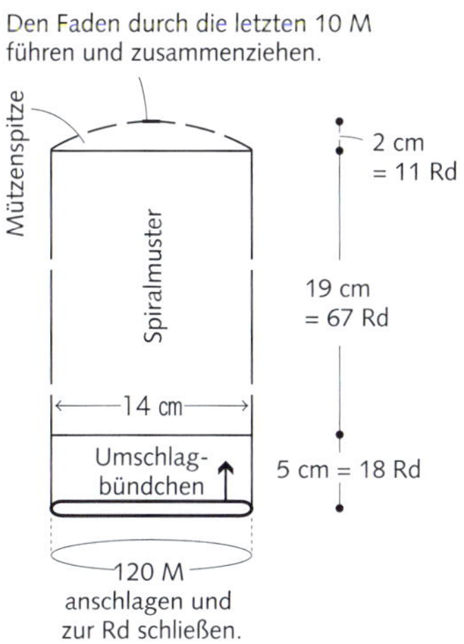

Für diese längeren Socken habe ich ein Knäuel der japanischen Designerwolle von Noro verbraucht, die nicht nur ich sehr schön finde. Durch eine Runde rechter Maschen nach dem Rippenmuster lässt sich das Bündchen besonders gut umschlagen.

Wolle: Nr. 29: Eisaku Noro Crayon Sock Yarn (S184), 100 g
Nr. 30: Eisaku Noro Crayon Sock Yarn (S92), 50 g
Nadeln: Nadelspiel Stärke 3
Zubehör: Rundenmarkierer, Wollnadel
Maße: Länge Nr. 29: 61 cm (umgeschlagen: 56 cm)
Höhe Nr. 30: 26 cm (umgeschlagen: 21 cm)

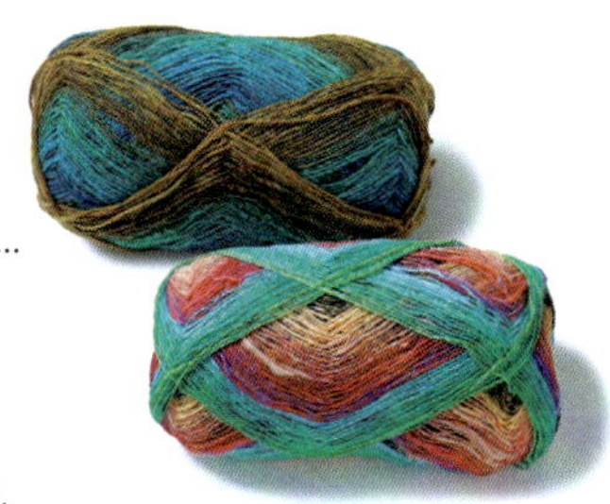

Strickanleitung (siehe S. 14–17)
Für die Socken (Nr. 29) 60 M, für die Mütze (Nr. 30) 120 M anschlagen und zur Rd schließen, 18 Rd im Rippenmuster (2 M re, 4 M li im Wechsel, damit das Muster nach dem Umschlagen richtig herum erscheint). Für die Umschlagkante 1 Rd re stricken, anschließend immer 2 M li, 4 M re im Wechsel stricken und über die jeweils angegebene Rd-Zahl im Spiralmuster fortfahren.
Im Zehenteil der Socke (Nr. 29) nach dem Strickdiagramm für die einfachen Spiralsocken (S. 15) die nötigen Abnahmen durchführen, den Faden durch die letzten 10 M führen und zuziehen. Die zweite Socke auf dieselbe Weise stricken.
Für die obere Rundung der Mütze (Nr. 30) Abnahmen durchführen, wie im Diagramm angegeben, den Faden durch die letzten 10 M führen und zuziehen.

Nr. 29

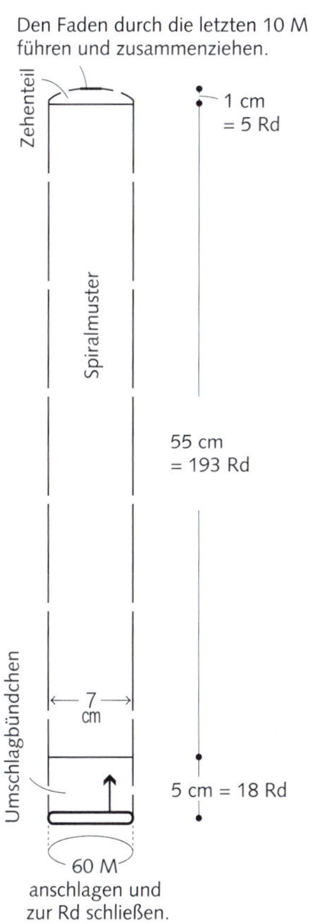

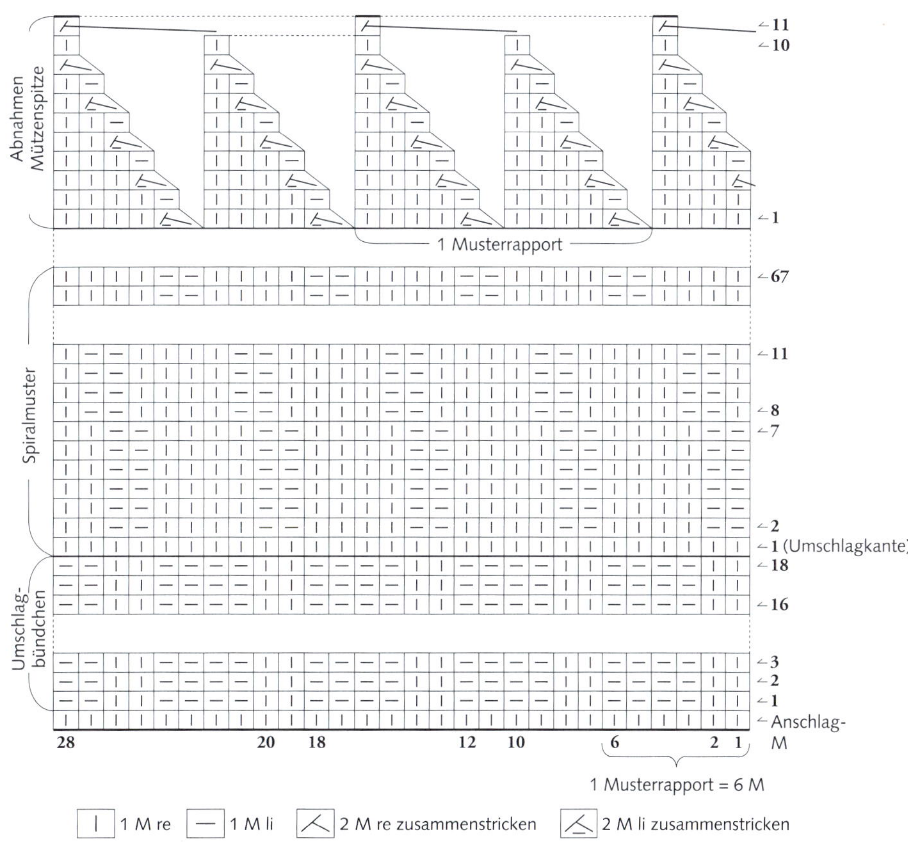

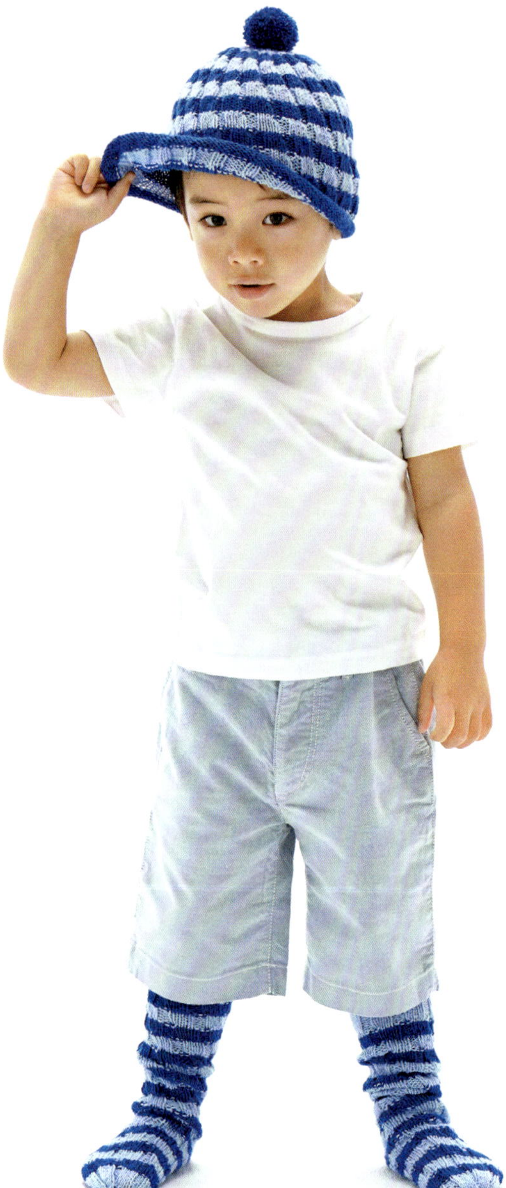

Border Socks

Streifensocken und Streifenmütze

Aus je einem Knäuel hellblauer und dunkelblauer Wolle entstanden hier ein Paar Erwachsenensocken, ein Paar Kindersocken und eine Mütze. Die Mütze hat eine Einheitsgröße und passt Kindern und Erwachsenen.

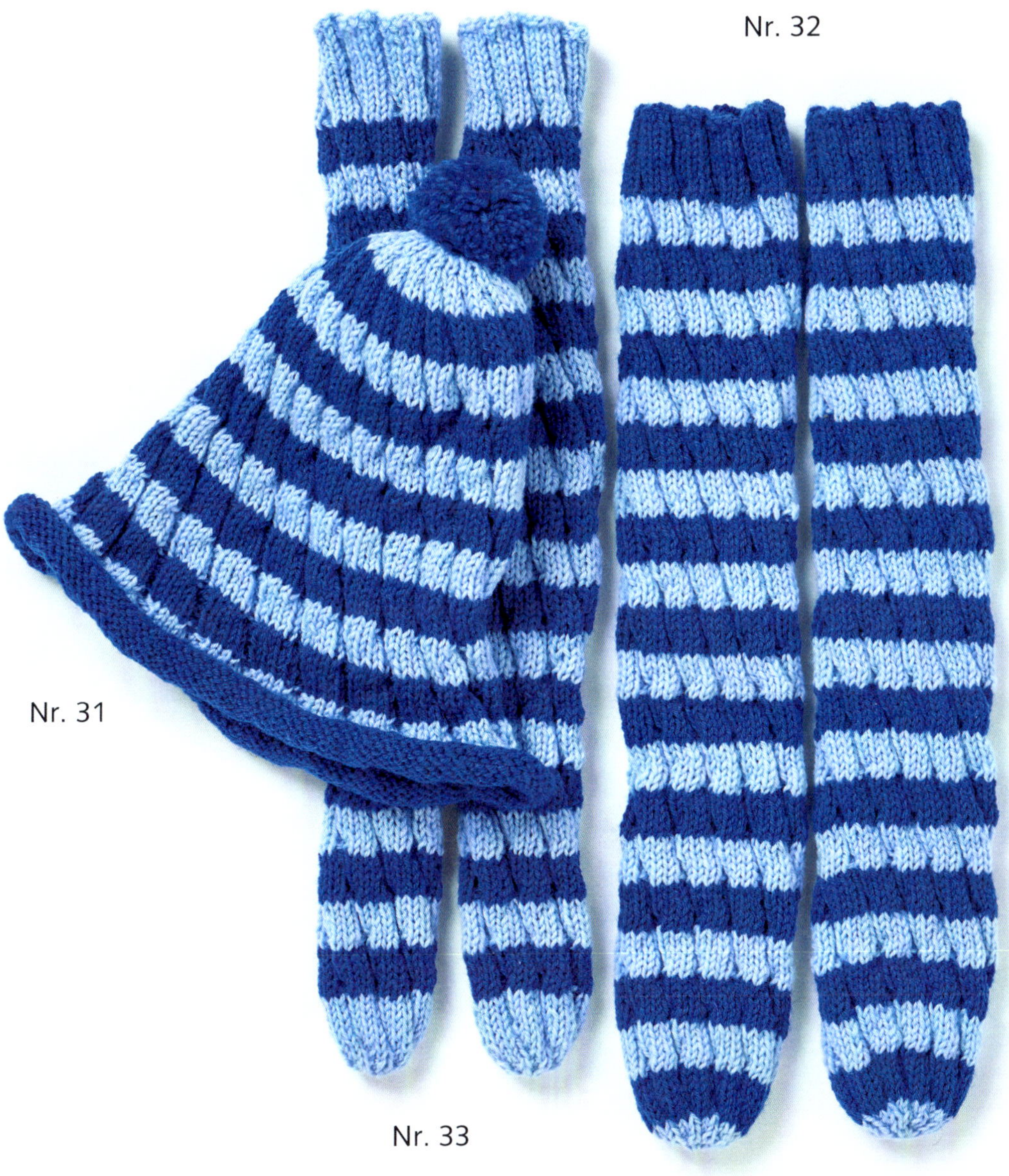

Nr. 32

Nr. 31

Nr. 33

→ Anleitung auf Seite 71

Pom Pom Bommeln (siehe S. 69 und 71)

Aus Wollresten lassen sich ganz einfach hübsche Bommeln herstellen, die fertigen Strickstücken den letzten Schliff geben. Dafür zunächst aus einem Stück Pappe zwei Kreise ausschneiden. Statt Pappe kann man auch Unterlegscheiben in der gewünschten Größe verwenden.

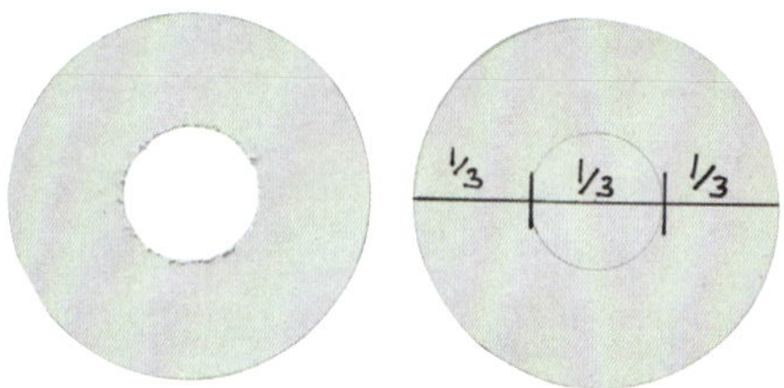

1. Auf die Pappe einen Kreis mit dem gewünschten Durchmesser der Bommel zeichnen, dann in die Mitte einen zweiten Kreis von 1/3 des Durchmessers zeichnen und ausschneiden. Auf diese Weise insgesamt zwei Schablonen anfertigen.

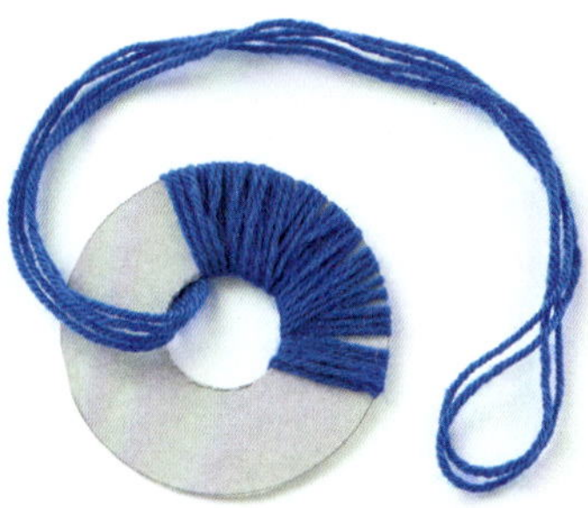

2. Die beiden Pappscheiben übereinanderlegen, den Wollfaden vierfach nehmen und ohne Lücken gleichmäßig um die Schablone wickeln.

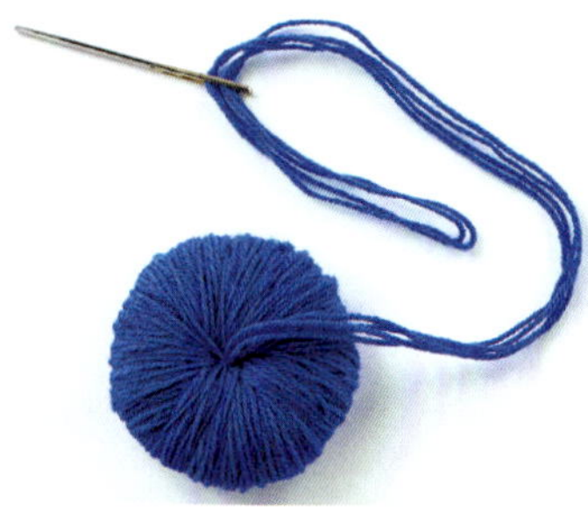

3. So lange weiterwickeln, bis das Loch in der Mitte geschlossen ist. Wenn es zu eng wird, den Faden durch eine Wollnadel fädeln und damit weiterwickeln.

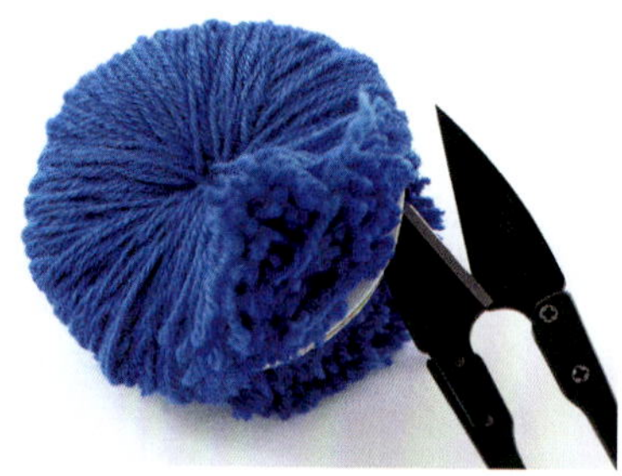

4. Die Spitze eines Scherenblatts zwischen die beiden Pappscheiben schieben und Stück für Stück alle Fäden durchschneiden.

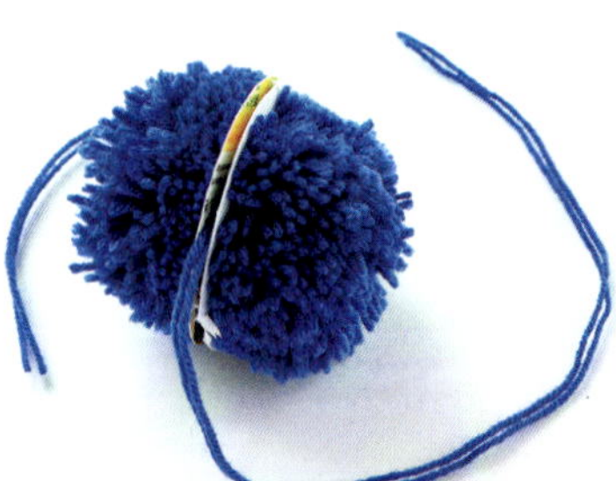

5. Einen zweiten, doppelt genommenen Faden zwischen die Schablonen schieben und fest um die Fäden knoten.

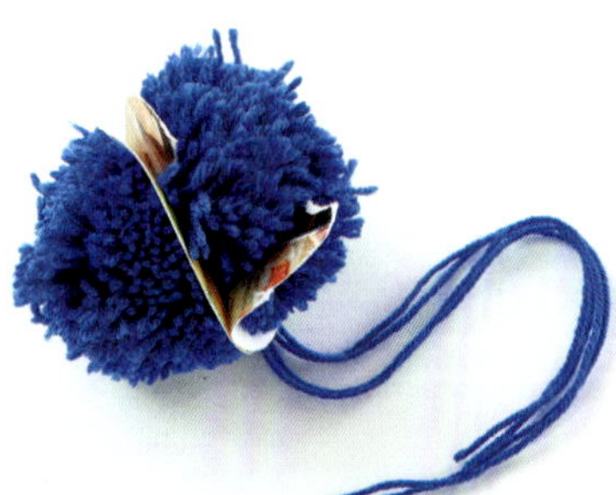

6. Die Schablonen entfernen.

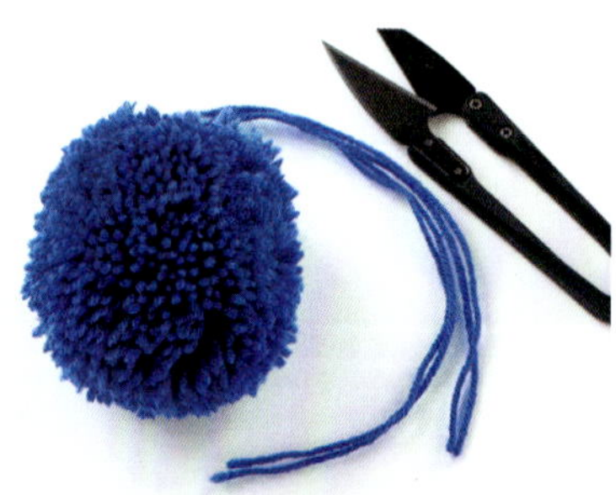

7. Zum Schluss noch herausstehende Fadenenden abschneiden, bis eine schöne runde Form entsteht.

Flower Blütenborte (siehe S. 57)

Hier wird ein Langmaschenmuster mit den Spiralsocken zu einer niedlichen Blütenborte kombiniert.

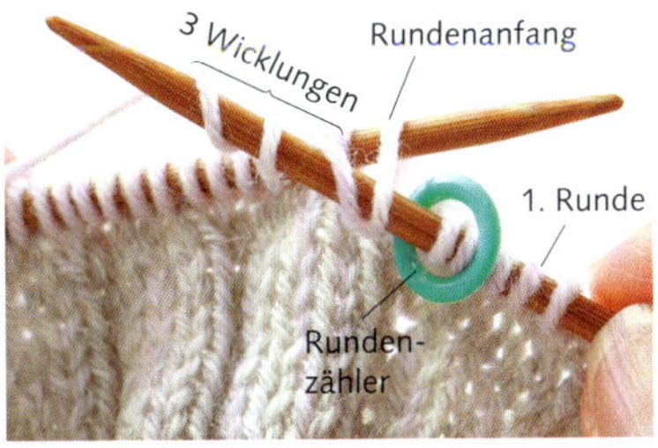

1. Ab Rundenanfang in Rosa 1 Rd re M stricken. In die 1. M der 2. Rd wie zum Linksstricken einstechen und den Faden dreimal um die Nadel wickeln.

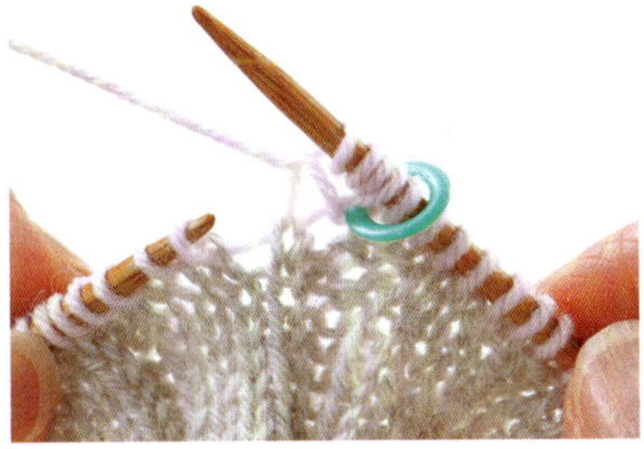

2. Den Faden durch die Masche holen. Auf der rechten Nadel befindet sich nun eine links gestrickte Masche mit Dreifachwicklung.

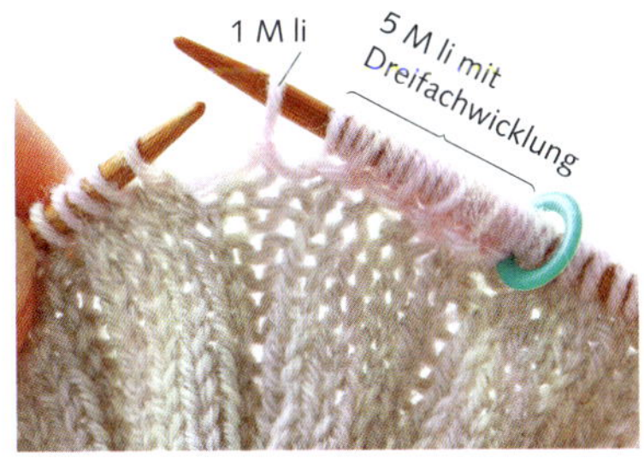

3. Auf diese Weise weitere 4 M li mit Dreifachwicklung stricken, dann 1 M li stricken.

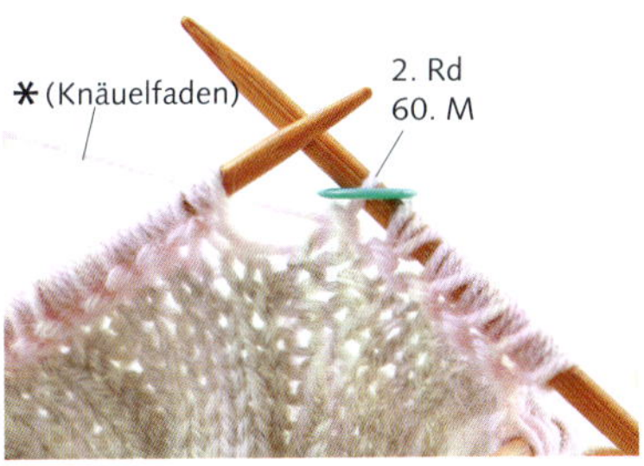

4. 5 M li mit Dreifachwicklung, 1 M li über die restliche Runde stets wiederholen. Den Faden (*) hinter die Arbeit legen.

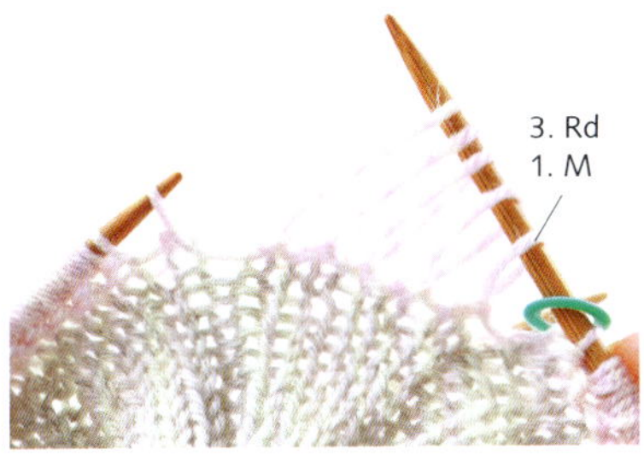

5. In der 3. Rd die Dreifachwicklung aus der 2. Rd auflösen und die entstehende Langmasche auf die rechte Nadel heben. Mit den folgenden 4 M ebenso verfahren.

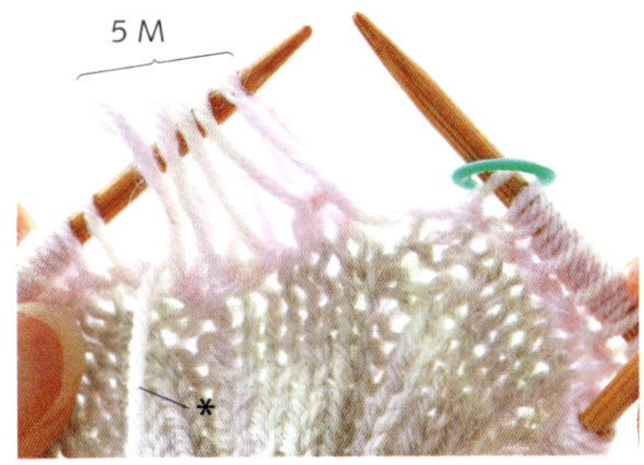

6. Den Faden (*) nach vorn holen und die in Schritt 5 abgehobenen Maschen wieder auf die linke Nadel nehmen.

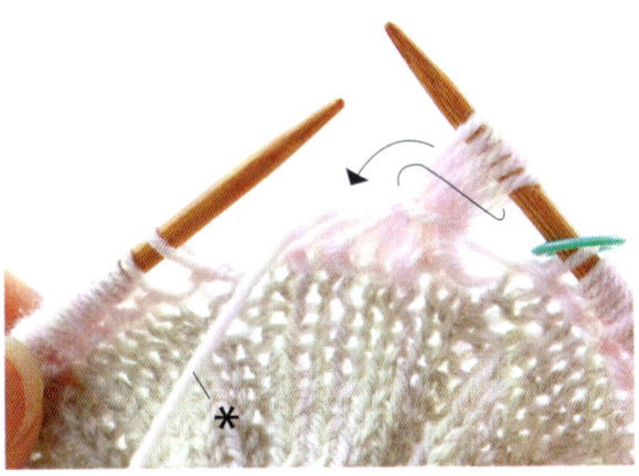

7. Den Faden hinter die Arbeit legen, die in Schritt 6 abgehobenen Maschen wieder auf die rechte Nadel nehmen, den Faden nach vorn holen und um die Mitte der 5 Fallmaschen festziehen.

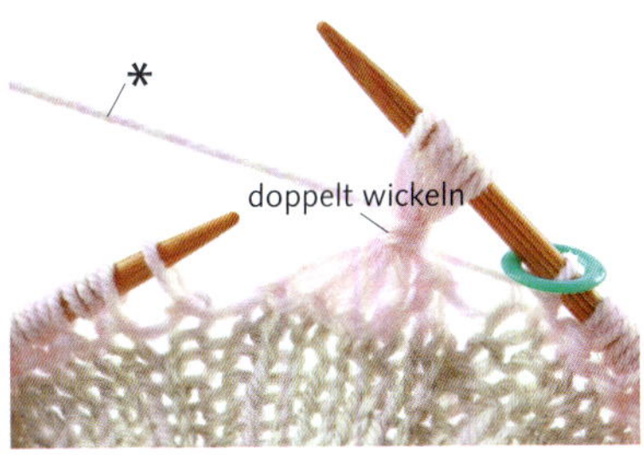

8. Schritt 6 und 7 wiederholen und so den Faden noch einmal um die Langmaschen wickeln. Nun liegt der Faden in 2 Wicklungen um die 5 Langmaschen.

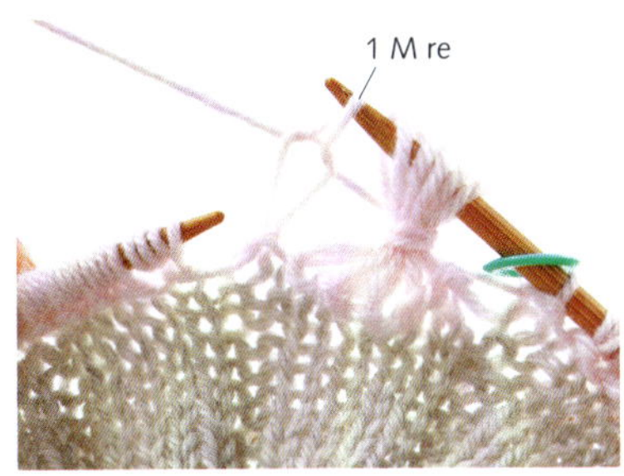

9. Die folgende Masche re abstricken.

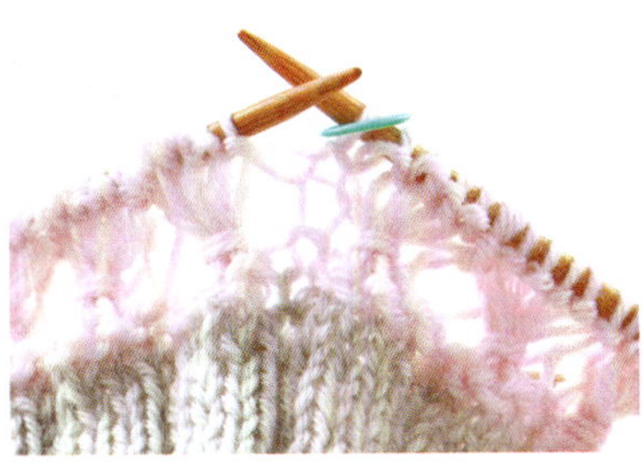

10. Schritt 5–9 über die restliche 3. Rd stets wiederholen. 1 Rd li stricken. So sieht die Borte nach der 4. Rd aus.

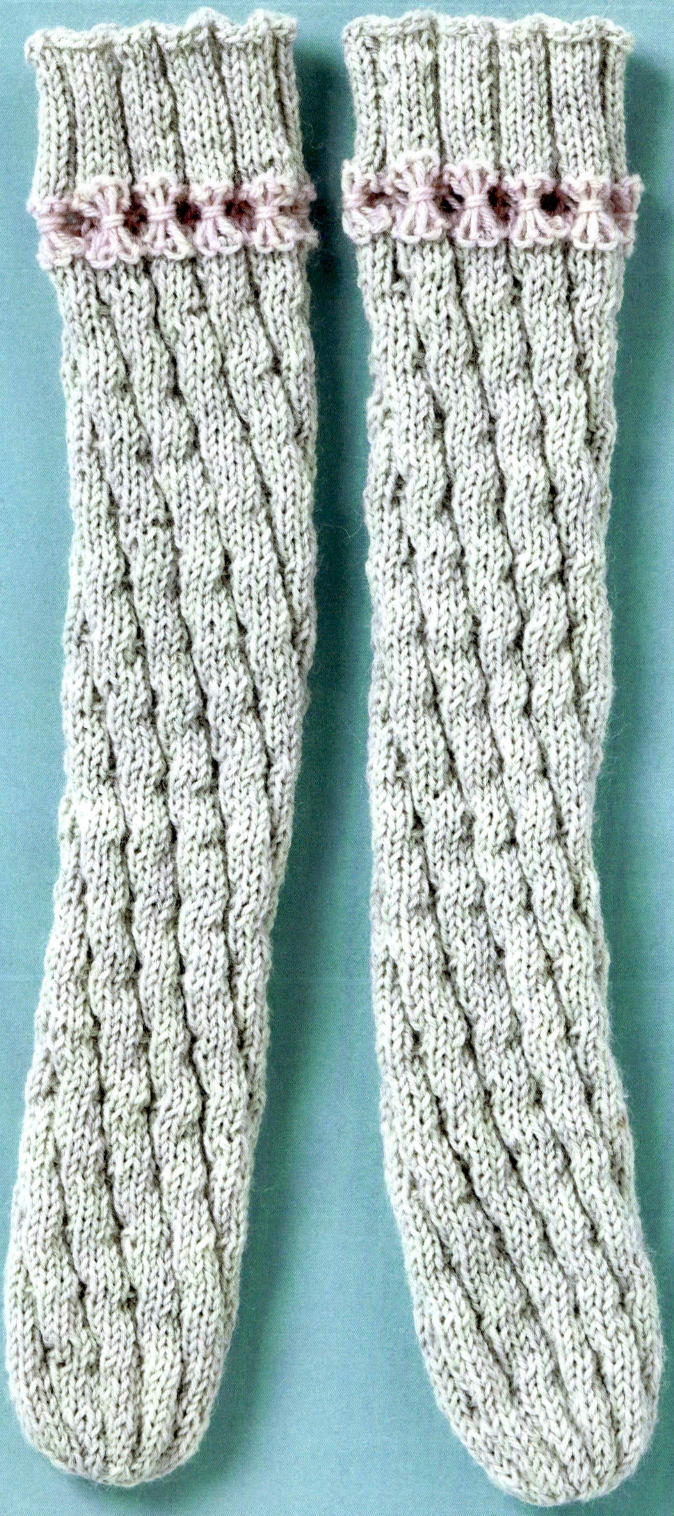

Nr. 34

Flower in a Row

Socken mit Blütenborte

Die Blütenborte entsteht durch umwickelte Langmaschen. Für ungeübte Anfänger ist sie vielleicht etwas schwierig. Man braucht etwa 10 m Wolle, die Borte eignet sich also wunderbar zum Aufbrauchen von Wollresten.

Wolle: Schoppel Admiral Melange Hellgrau (1566K-9220m), 60 g, Blassrosa (1566-7810) Rest
Nadeln: Nadelspiel Stärke 3
Zubehör: Rundenmarkierer, Wollnadel
Maße: Länge 33,5 cm

Strickanleitung (siehe S. 14–17)
Mit Hellgrau 60 M anschlagen und zur Rd schließen, 12 Rd im Rippenmuster (4 M re, 2 M li im Wechsel) stricken. Mit Blassrosa über 4 Rd eine Blütenborte stricken (siehe S. 55). Wieder zu Hellgrau wechseln und immer 4 M re, 2 M li im Wechsel stricken und wie bei den einfachen Spiralsocken mit Spiralmuster und Zehenteil fortfahren. Die zweite Socke auf dieselbe Weise stricken.

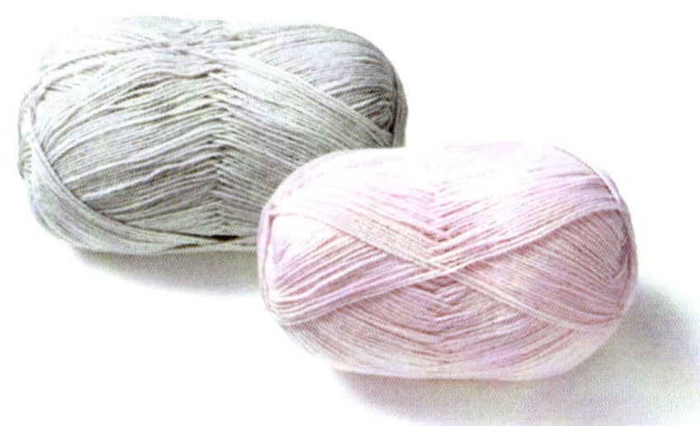

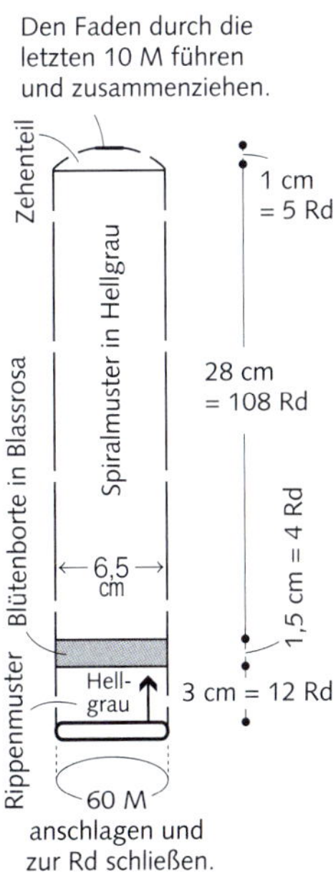

Strickdiagramm „Socken mit Blütenborte“

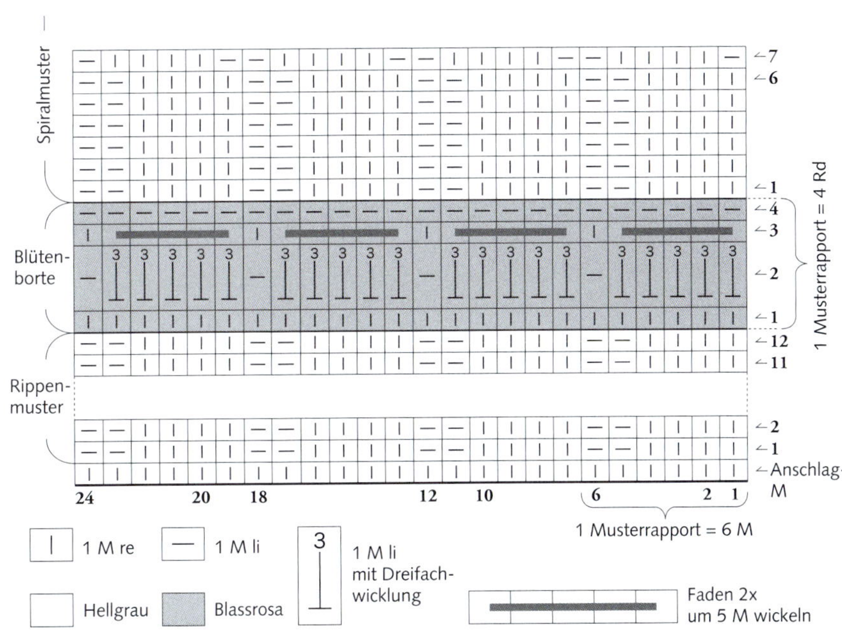

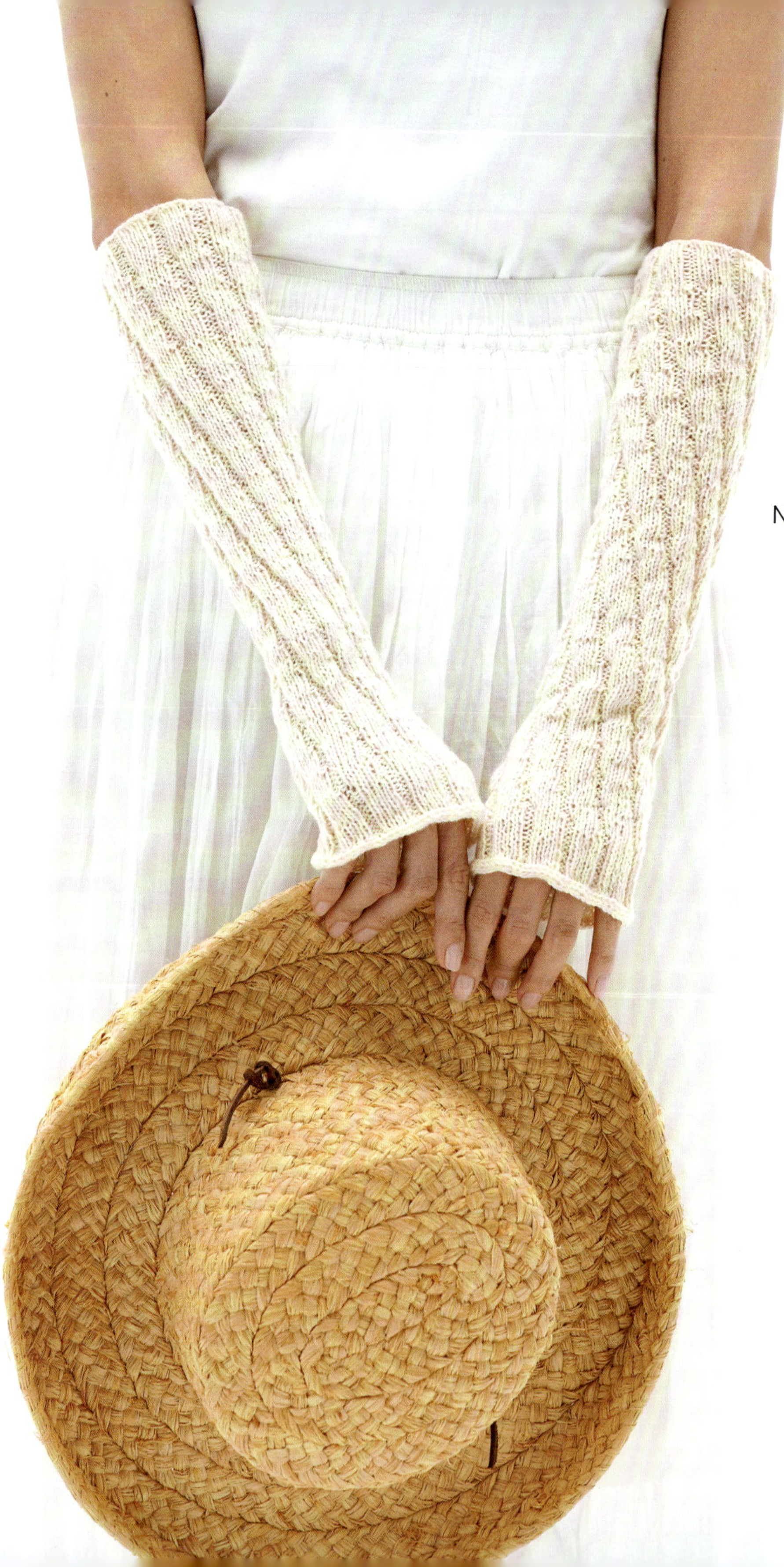

Nr. 35

Arm Cover Armstulpen aus Bio-Baumwolle

Sie werden staunen, wie leicht und bequem sich diese Armstulpen und Socken aus Bio-Baumwolle auf der Haut anfühlen! Die Stulpen eignen sich z. B. gut als Sonnenschutz im Sommer. Den Abschluss bildet ein sogenannter Kordelrand. Wenn Sie dicke Wolle verwenden, werden daraus warme Armstulpen für den Winter.

Wolle (Nr. 35): Pristine Yarn Ball Peach Kimo (5572181), 40 g
Nadeln: Nadelspiel Stärke 3
Zubehör: Rundenmarkierer, Wollnadel
Maße: Länge 32 cm

Strickanleitung (siehe S. 14–17)
60 M anschlagen und zur Rd schließen, 12 Rd im Rippenmuster (4 M re, 2 M li im Wechsel) stricken. Anschließend mit 1 M li anfangen und 90 Rd im Spiralmuster stricken. Für das Daumenloch über 6 Rd in Hin- und Rückreihen stricken (*). Anschließend wieder 6 Rd in Runden stricken. 12 Rd im Rippenmuster (4 M re, 2 M li im Wechsel) stricken. Als Abschluss einen Kordelrand aus 3 M stricken (detaillierte Anleitung auf S. 60/61).

* Zum Flachstricken in der 91. Rd 60 M stricken, die Arbeit wenden und die 92. Rd als Rückreihe stricken. Sie sehen dabei die linke Seite der Arbeit. Durch das Stricken in Hin- und Rückreihen entsteht nicht wie beim Rundenstricken eine Röhre, sondern ein flaches Strickstück mit zwei Rändern. Um das Spiralmuster fortzusetzen, in den Rückreihen die li M im Strickdiagramm re stricken und die re M li. Auf der rechten Seite erscheint das Muster dann, wie im Strickdiagramm angegeben.

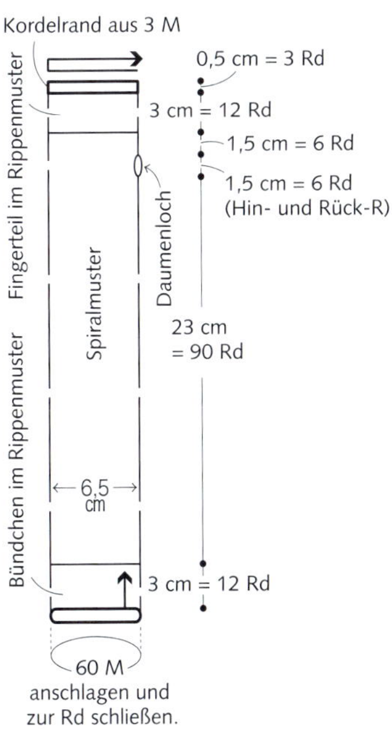

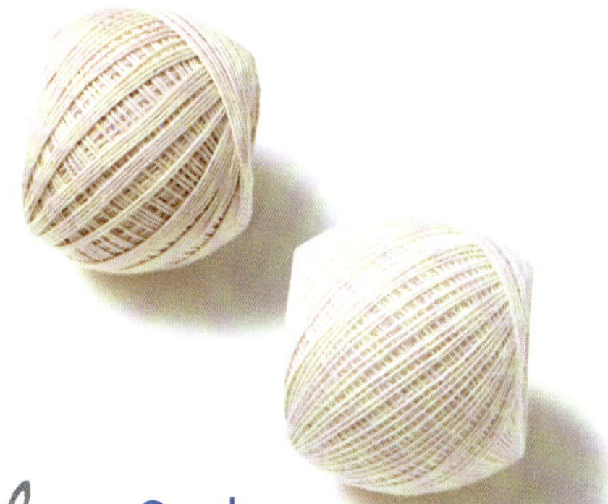

Socks Socken aus Bio-Baumwolle

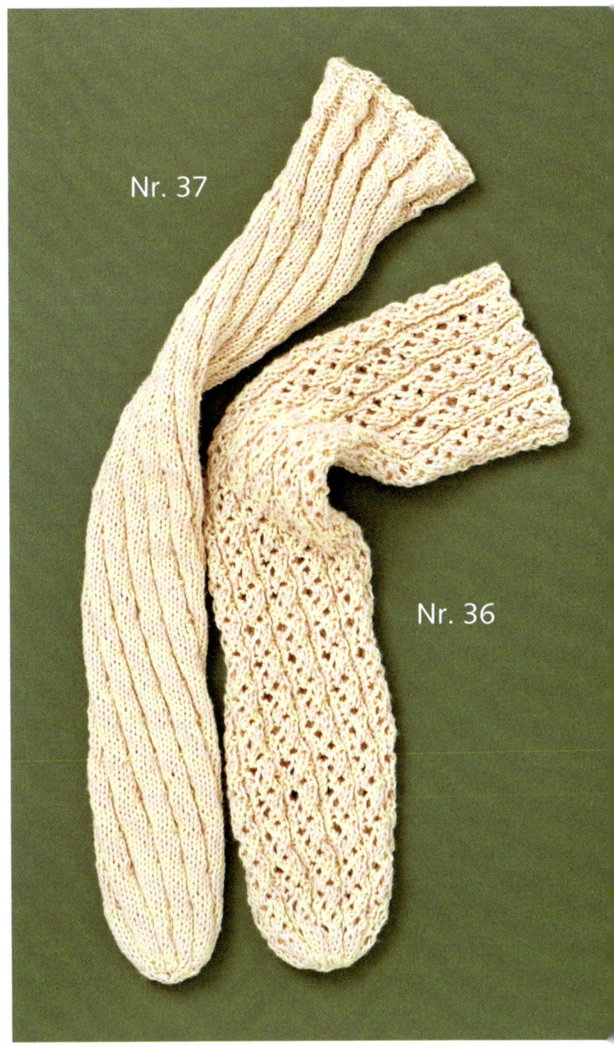

Anleitung für Nr. 36 auf S. 72
Anleitung für Nr. 37 auf S. 73

i-Cord Kordelrand aus drei Maschen

Der Kordelrand oder I-Cord-Rand ist ein interessanter Abschluss mit einer gestrickten Kordel. Er wirkt wie ein plastischer Zopf. Er ist nicht schwer zu stricken und sollte auch in Ihrem Repertoire nicht fehlen!

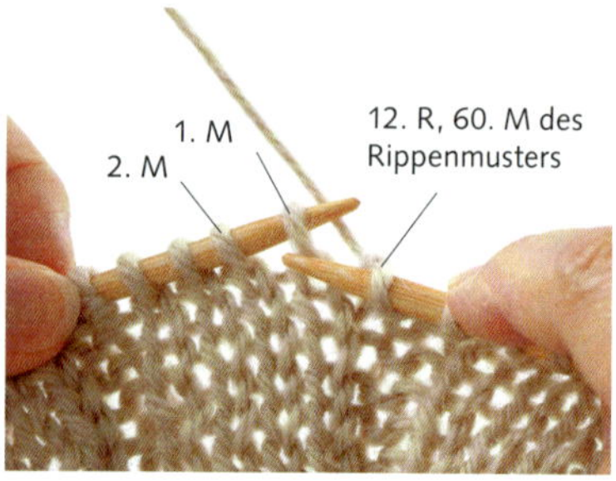

1. Den Maschenzähler entfernen. Um die Maschen für den Kordelrand aufzunehmen, mit der rechten Nadel zwischen der 1. und der 2. Masche auf der linken Nadel einstechen.

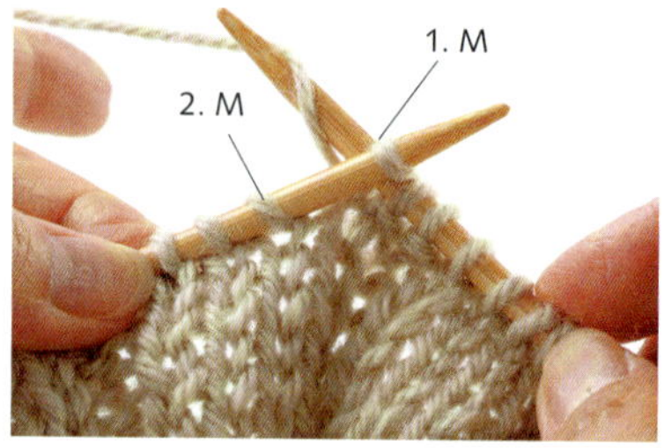

2. Den Faden wie zum Rechtsstricken holen.

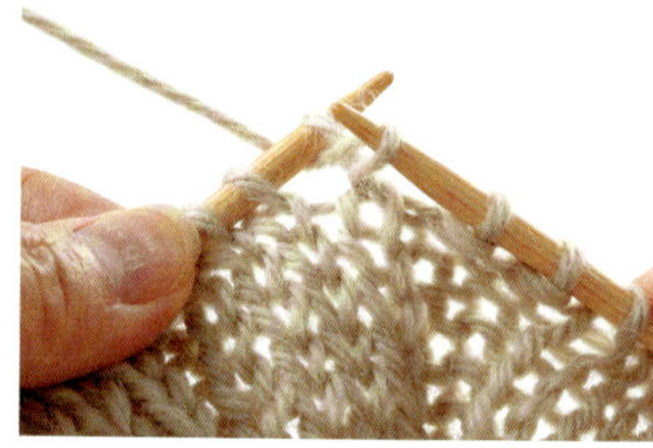

3. Den Faden durchziehen.

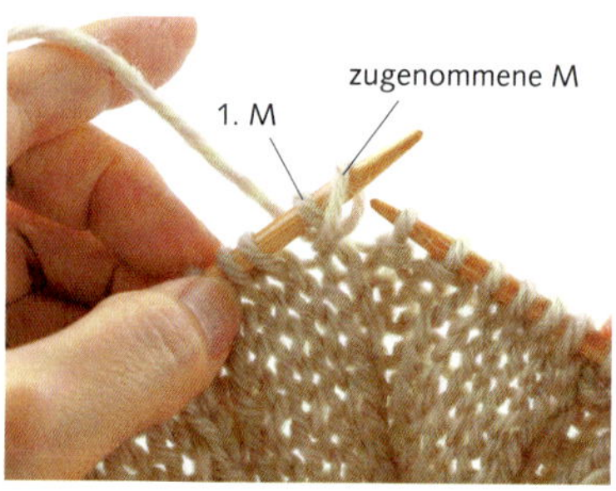

4. Die in Schritt 3 entstandene Masche drehen und wieder auf die linke Nadel schieben. Auf der Nadel befindet sich nun 1 Masche mehr.

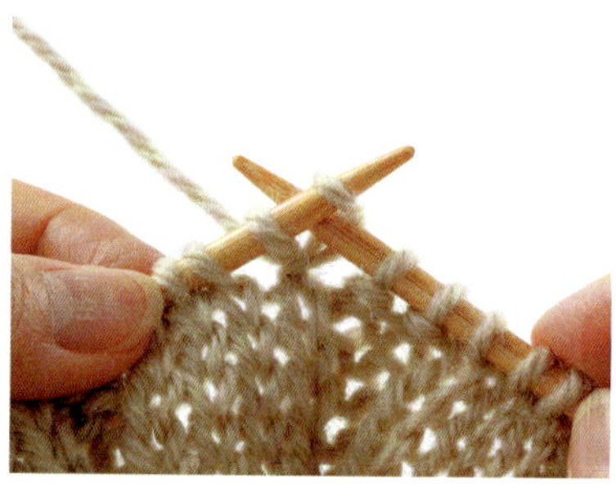

5. Zwischen die zugenommene Masche und die Masche links daneben einstechen.

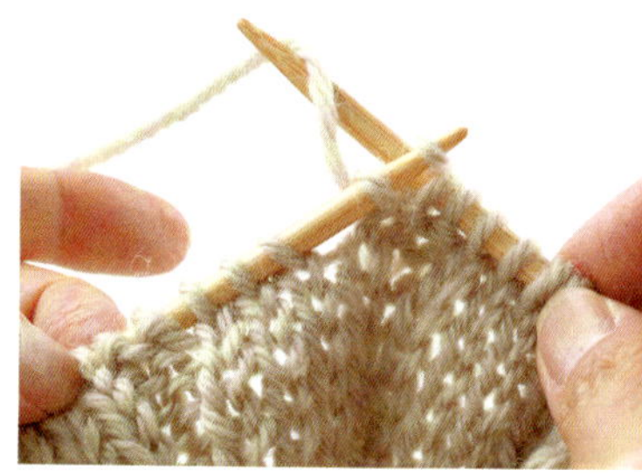

6. Den Faden wie zum Rechtsstricken holen.

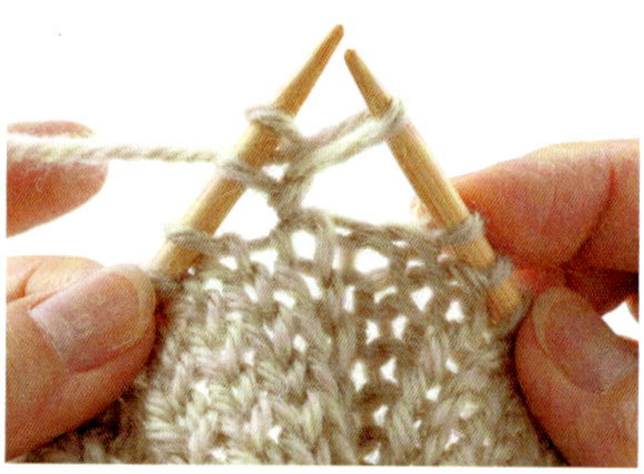

7. Den Faden durchziehen.

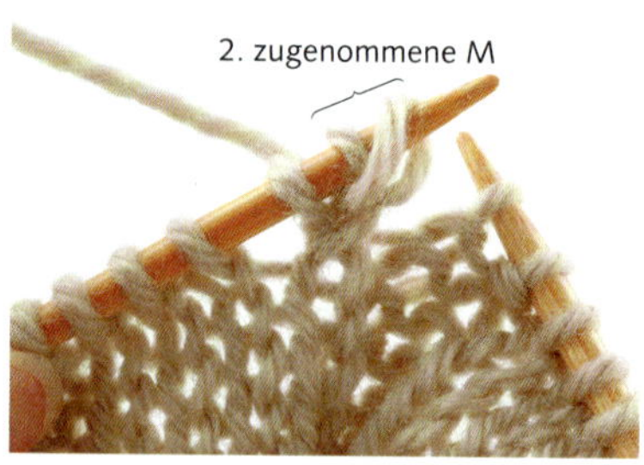

8. Die in Schritt 7 entstandene Masche drehen und wieder auf die linke Nadel schieben. Nun befinden sich 2 neue Maschen für den Kordelrand auf der Nadel.

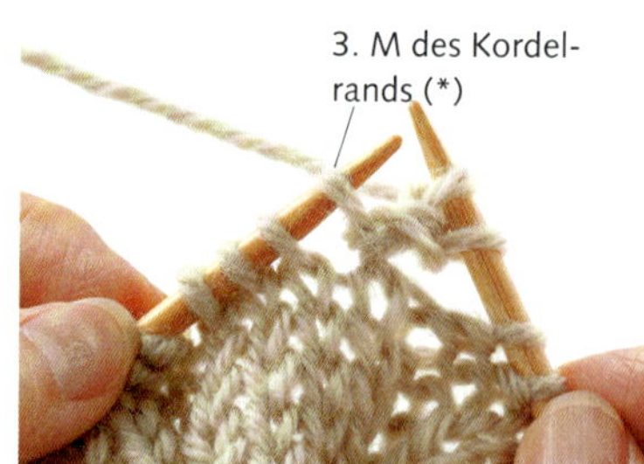

9. Die beiden Maschen aus Schritt 8 rechts abstricken.

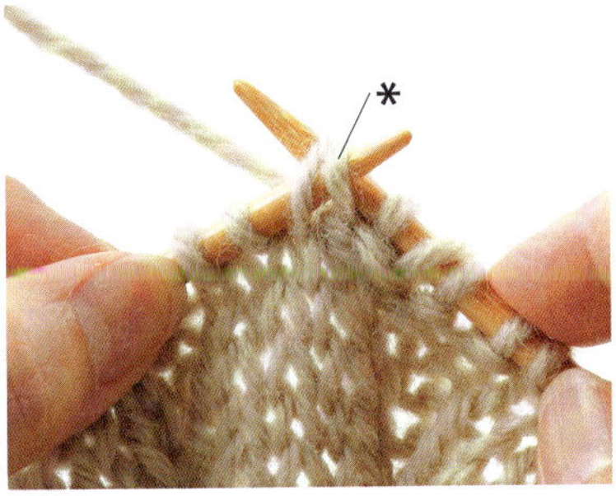

10. Durch die folgenden 2 Maschen (die 3. Masche des Kordelrands und die Masche links daneben) stechen.

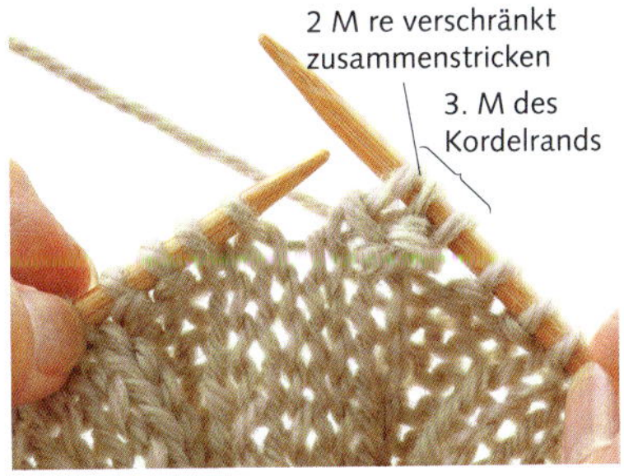

11. Faden holen und rechts abstricken (= 2 M re verschränkt zusammenstricken, die Abschlussrunde hat 1 Masche weniger).

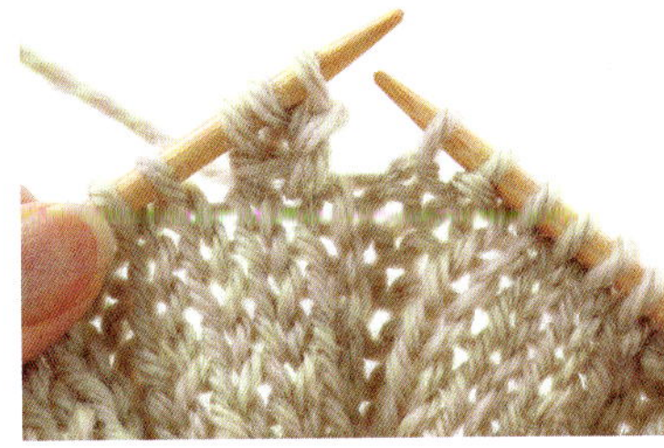

12. Die 3 Maschen auf der rechten Nadel ohne Abstricken wieder auf die linke Nadel legen.

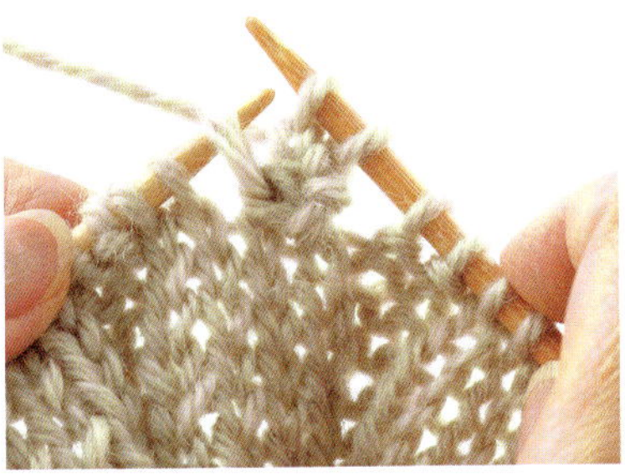

13. 2 Maschen rechts stricken. (Der Faden läuft hinter der Arbeit mit, so entsteht nach und nach die Kordel.) Schritt 10–13 stets wiederholen.

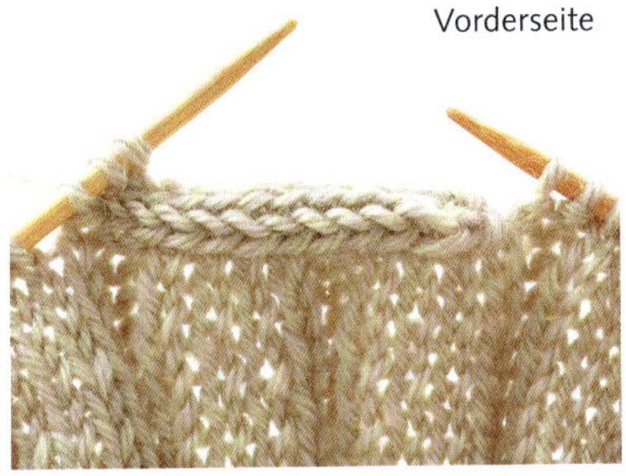

Kordelrand von vorn.

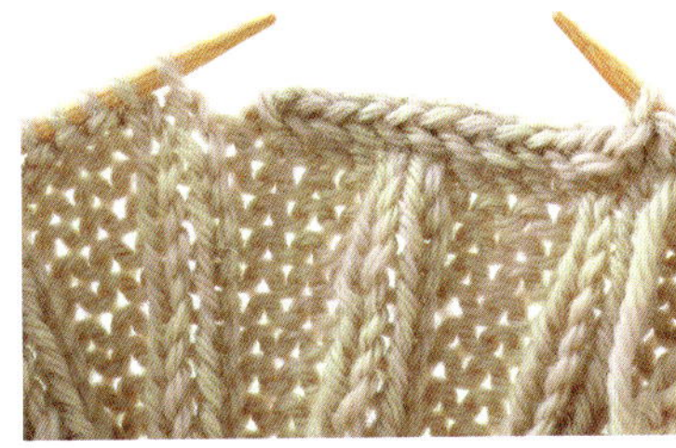

Kordelrand von hinten.

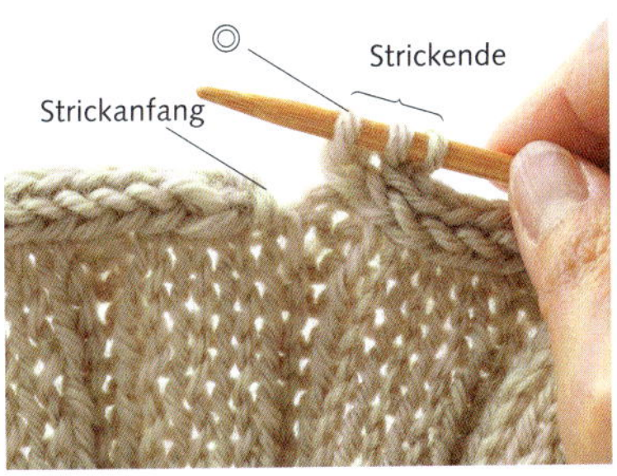

14. Am Rundenende.

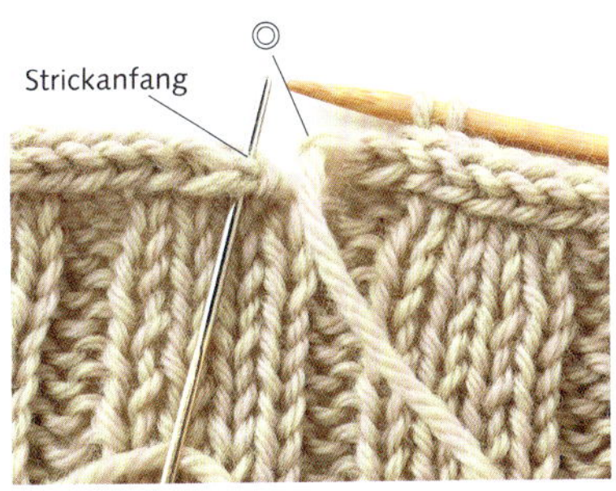

15. Anfang und Ende des Kordelrands mithilfe einer Wollnadel miteinander verbinden. Dazu den Faden so abschneiden, dass noch 15 cm verbleiben, und das Ende in eine Wollnadel einfädeln. Durch die 3. Masche (◎) ziehen und die Nadel wie abgebildet durch die Anfangsmasche stechen.

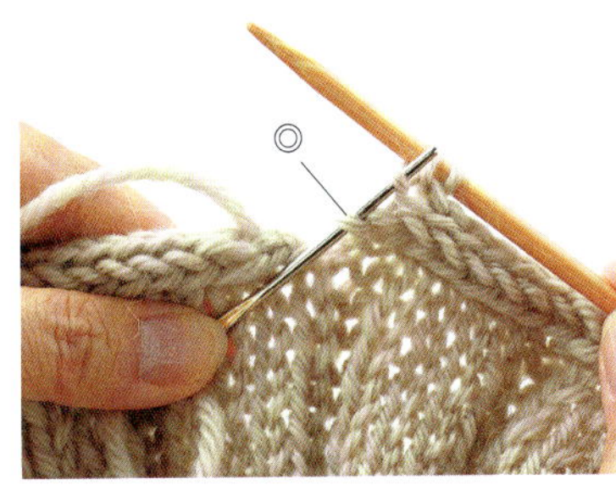

16. Die Wollnadel wieder durch die 3. Masche und dann durch die folgende Masche stechen und diese von der Stricknadel gleiten lassen. Den Schritt wiederholen und so alle 3 Masche miteinander verbinden.

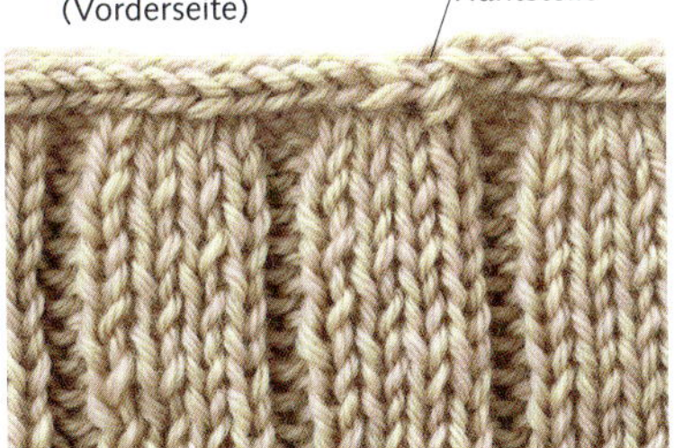

Geschlossener Kordelrand

Golf Club Cover Golfschlägerhülle

Weil das Spiralmuster so elastisch ist, kann man ganz einfach die Maschenanzahl verändern und Mützen, Armstulpen und natürlich auch Beinstulpen damit stricken.

Unbedingt ans Herz legen möchte ich Ihnen aber auch diese Golfschlägerhüllen. Man strickt sie genau wie die Spiralsocken, und sie passen wie angegossen auf Golfschläger jeder Größe. An der Spitze habe ich noch eine Bommel befestigt. Rippen- und Spiralmuster sorgen für eine hervorragende Passform.

Da ein Schoppel Crazy Zauberball aus 100 g Wolle besteht, konnte ich noch ein Paar Socken mit Rollrand daraus stricken.

Anleitung auf Seite 69

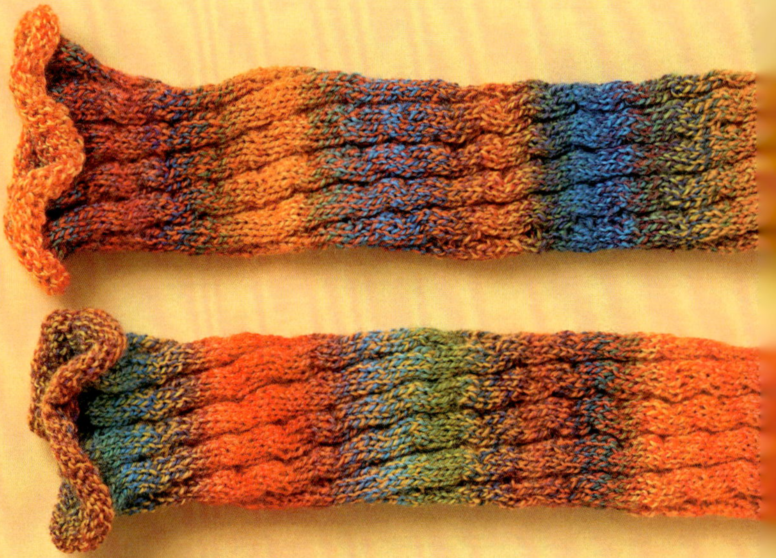

Nr. 38

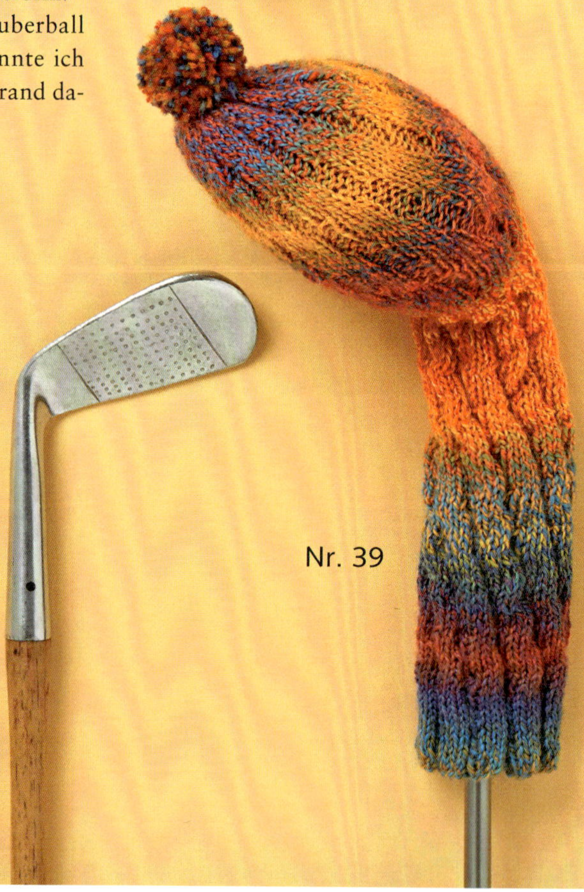

Nr. 39

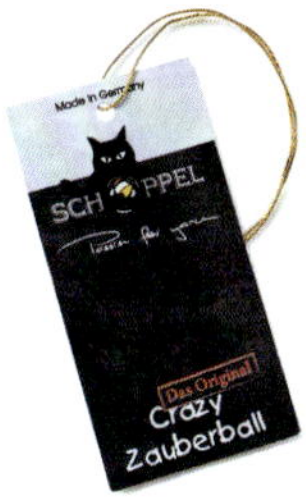

Für ganz besondere Sockenpaare: der Zauberball von Schoppel

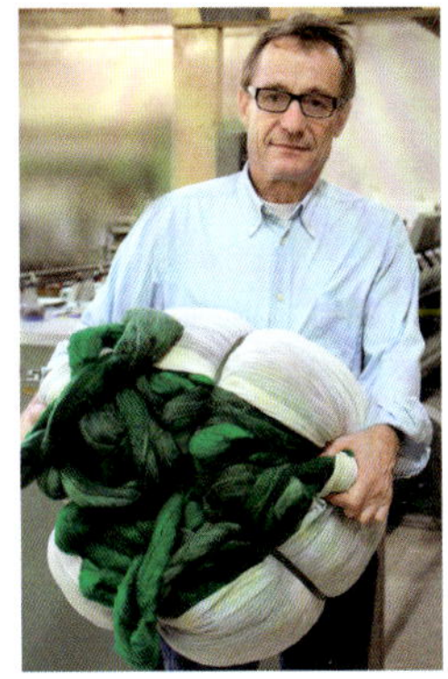

Unternehmenschef Schoppel kümmert sich persönlich um das Färben.

Die Wolle des deutschen Herstellers Schoppel erfreut sich in vielen Ländern wegen ihrer besonderen Farben und Farbkombinationen großer Beliebtheit.

Die Sockenwolle-Reihe zeichnet sich durch einen besonders großen Reichtum an Farbvarianten aus. Der in diesem Buch oft verwendete „Zauberball“ wurde erstmals 2008 auf der Kölner Handarbeitsmesse vorgestellt und ist dank seiner Einzigartigkeit und Innovativität seither ein Verkaufsschlager. Auch die ungewöhnliche Schoppel-Knäuelwicklung trägt zur großen Beliebtheit der Wolle mit der schwarzen Katze auf dem Etikett bei. Die Farbverläufe, die sich beim Stricken von selbst ergeben, sind von faszinierender Schönheit und die Farben werden auf originelle Weise miteinander verknüpft. Der Unternehmenschef Schoppel kümmert sich persönlich um die Entwicklung neuer Farben und Muster. Sein Motto: „Wolle, die die Fantasie anregt und die im fertigen Strickteil die Freude am Stricken erkennen lässt“.

Der Hauptsitz befindet sich im baden-württembergischen Hohenlohe zwischen Heidelberg und Stuttgart. Die Schafwolle wird aus Patagonien importiert und stammt von lokalen Merinoschafen, die dort bereits seit dem 18. Jahrhundert gezüchtet werden. Nach dem Scheren wird die Wolle nur mit Wasser, Seife und Soda gereinigt; nur die hochwertigste Wolle wird sorgfältig ausgesucht und weiterverarbeitet. Nicht die Massenproduktion steht hier im Vordergrund, sondern möglichst hohe Qualität und Originalität.

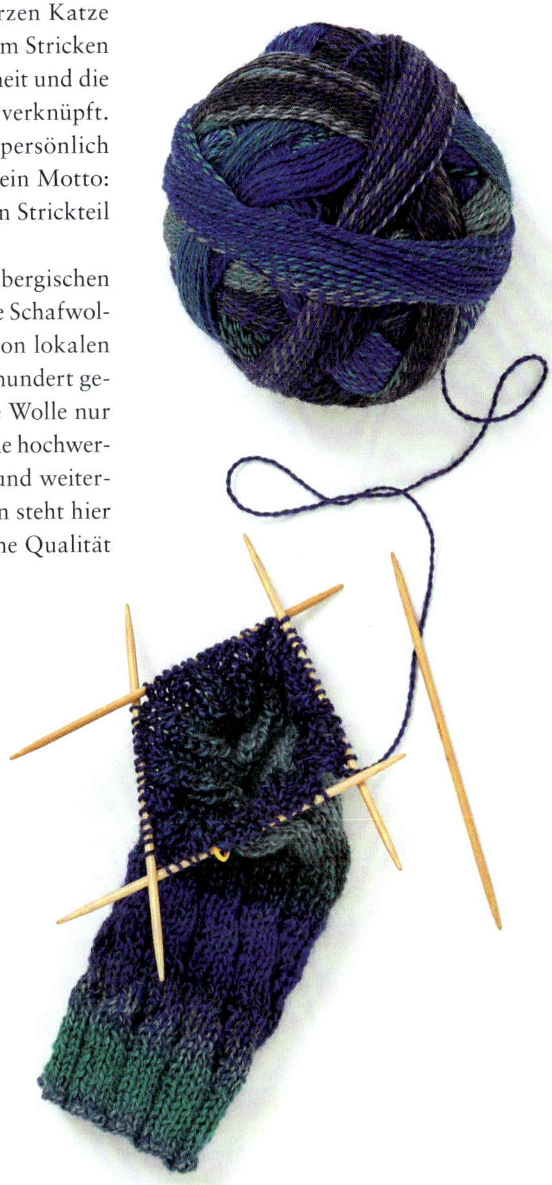

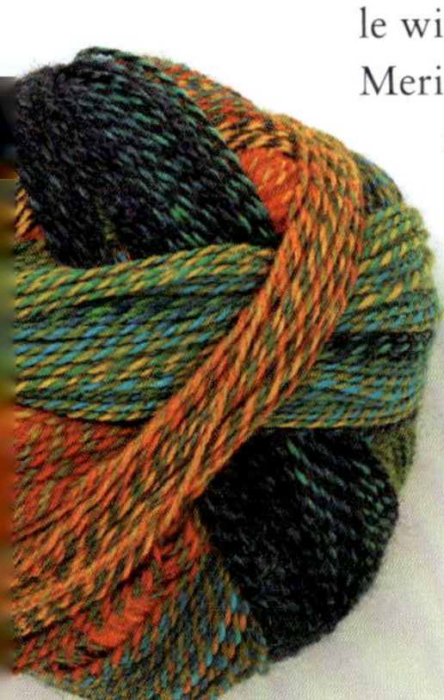

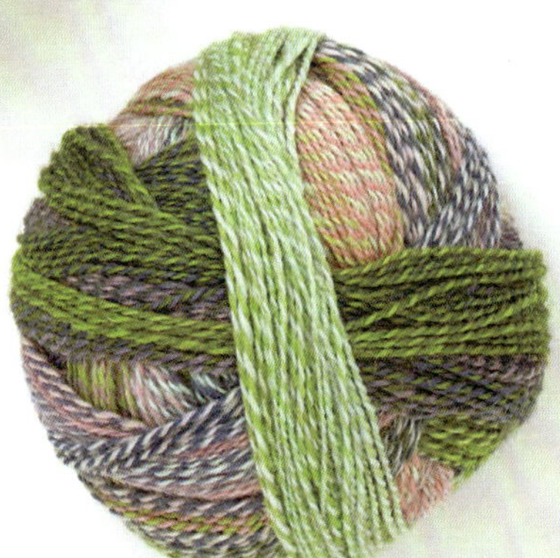

Birthday Socks Geburtstagssocken

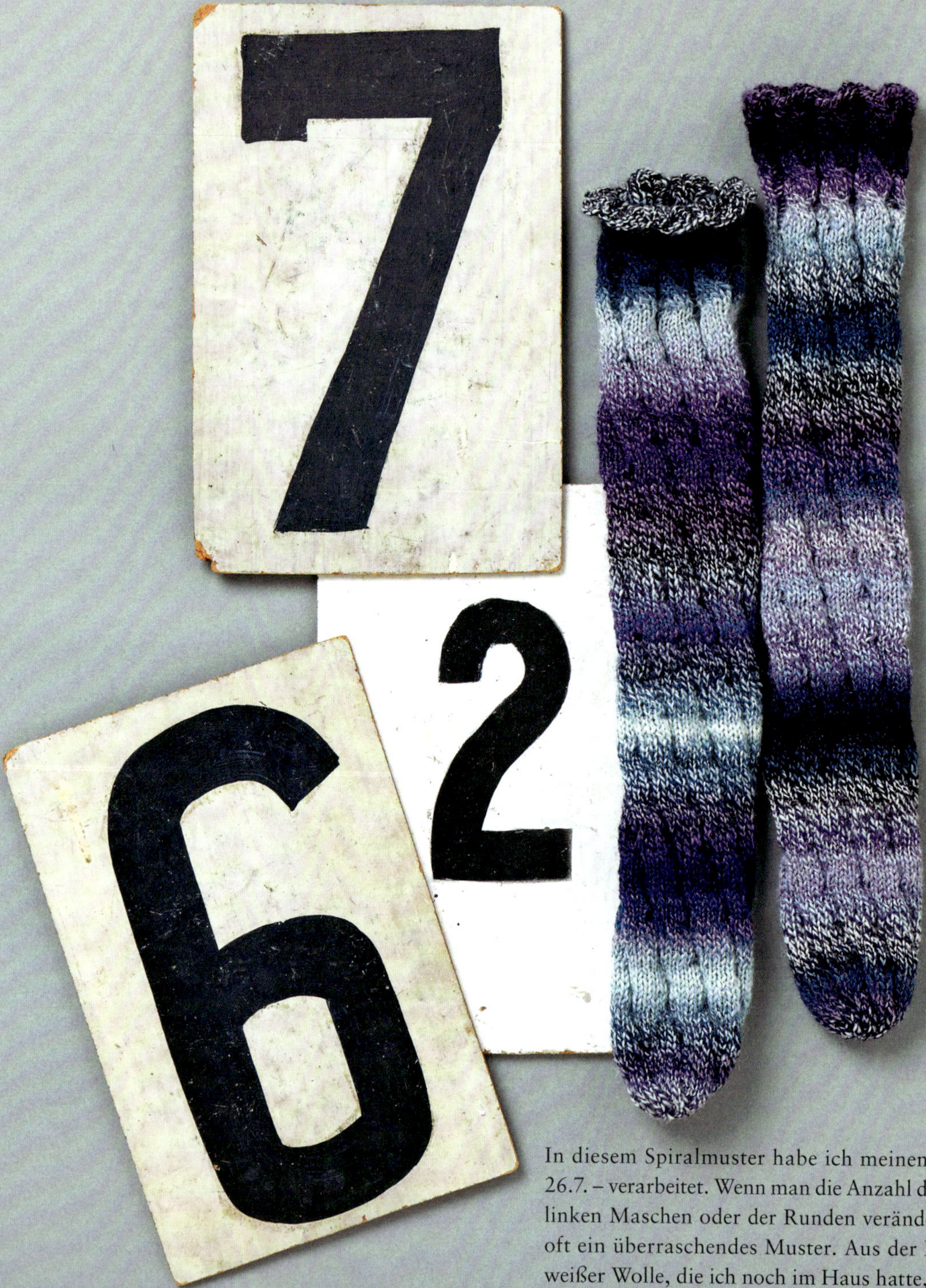

In diesem Spiralmuster habe ich meinen Geburtstag – 26.7. – verarbeitet. Wenn man die Anzahl der rechten oder linken Maschen oder der Runden verändert, ergibt sich oft ein überraschendes Muster. Aus der Restwolle und weißer Wolle, die ich noch im Haus hatte, habe ich nach den Socken noch eine Mütze im selben Muster gestrickt.

Spiralsocken, die es nur einmal gibt

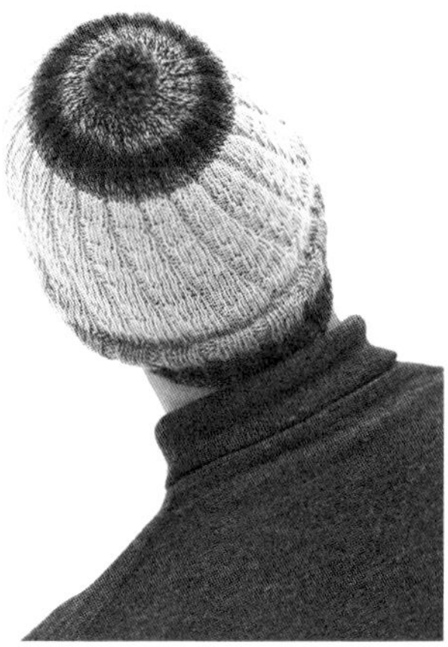

Aus den Spiralsocken in diesem Buch lassen sich durch Verändern von Farbe, Länge, Bündchen und Maschenzahlen im Spiralmuster ganz einfach originelle und individuelle Stücke herstellen. Mit ausreichend großen Wollvorräten können Sie lange Strümpfe stricken oder knöchelkurze oder auch nur die Bündchenlänge variieren. Suchen Sie nach Sockenwolle in Ihren Lieblingsfarben und stricken Sie drauflos!

Als ein Beispiel für eine besonders persönliche Sockenvariante möchte ich Ihnen die „Geburtstagssocken“ ans Herz legen, bei denen Maschen- und Rundenzahl eine besondere Bedeutung haben. Sie eignen sich auch hervorragend als Geschenk! Ich zum Beispiel habe am 26.7. Geburtstag und daraus das folgende Spiralmuster abgeleitet: 2 Maschen links, 6 Maschen rechts und alle 7 Reihen das Muster um 1 Masche nach links versetzen. Da in diesem Fall der Rapport über 8 Maschen geht, muss die Anzahl der Anschlagmaschen durch 8 teilbar sein. Ich habe mit 64 Anschlagmaschen angefangen, was zufällig meinem Geburtsjahr 1964 entspricht. Bei so vielen glücklichen Zufällen werden aus den Socken natürlich ganz wunderbar persönliche Stücke! Das Bündchen habe ich dann über 26 Runden gestrickt, das Spiralmuster über 7 Runden habe ich 19-mal wiederholt. So sind Socken entstanden, die perfekt zu mir und meinem Geburtstag am 26.7.1964 passen. Das Spiralmuster ist hier übrigens nicht so stark eingedreht wie bei den „246-Spiralsocken“.

Versuchen Sie es doch auch einmal mit einem so individuellen Sockenpaar für sich selbst! Ob Hochzeitstag oder Telefonnummer, Sie können jede beliebige Zahlenfolge als Grundlage nehmen. Experimentieren Sie auch ruhig ein bisschen mit Mustern und Farben!

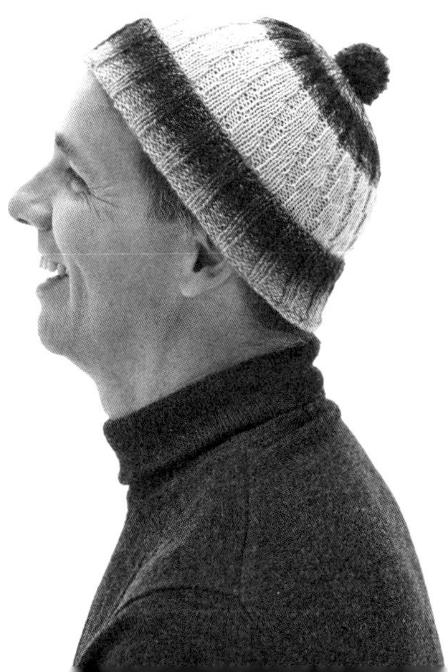

Die Begegnung mit dem Stricken und wie es zu meinem Lebensinhalt wurde

Ich weiß noch ganz genau, an welchem Punkt in meinem Leben ich zum ersten Mal etwas gestrickt habe. Ich war damals noch ein Junge, saß in meinem Zimmer auf dem Bett und schlug die erste Masche für eine Strickjacke an. Bis dahin hatte meine große Schwester oft Pullover für mich gestrickt, die immer warm und bequem waren und die ich sehr mochte. Doch als meine Schwester ihren ersten Freund hatte, strickte sie nur noch für ihn Pullover. Da beschloss ich zu lernen, wie man Lieblingsstücke selbst strickt, und nahm die Nadeln zur Hand.

Seitdem begeistert mich das Stricken. Wie viele deutsche Männer habe ich auch noch weitergestrickt, nachdem ich längst kein Junge mehr war. Zeichnen konnte ich nie gut, aber allmählich lernte ich, mich durch dreidimensionale Werke auszudrücken. Stricken verleiht mir Energie. Auch die Farben machen mich immer wieder froh. Wenn ich ins Stricken versunken bin, fühlt es sich so an, als seien Nadeln und Wolle ein Teil meines Körpers. Stricken ist wie ein Tanz der Fingerspitzen. Wenn ich diesen leichtfüßigen Tanz immer weitertanze, geht der Rhythmus des Strickdiagramms von den Händen in den Körper über und ich werde eins mit der Wolle und dem, was ich gerade stricke.

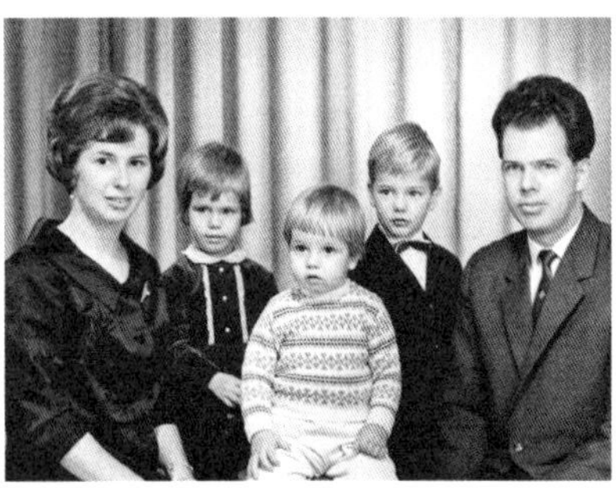

Der kleine Junge in der Mitte dieses Familienfotos bin ich. Seit ich etwa 2 Jahre alt war, trage ich selbst gestrickte Pullover.

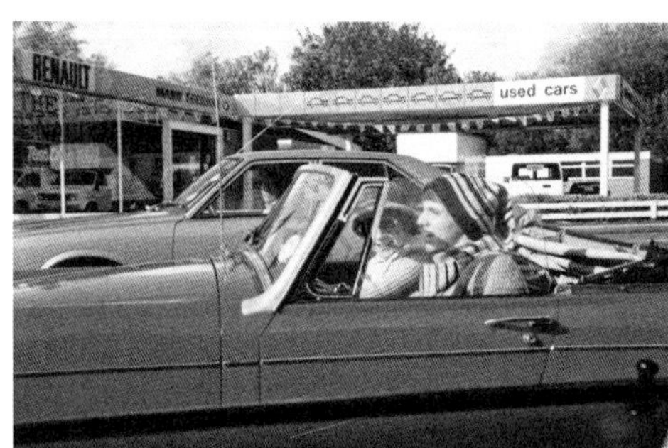

Die von meiner Tante gestrickte Zipfelmütze auf dem oberen Foto habe ich geliebt!
Auf dem linken Bild trage ich den ersten Pullover, den ich mit etwa 10 Jahren selbst gestrickt habe.

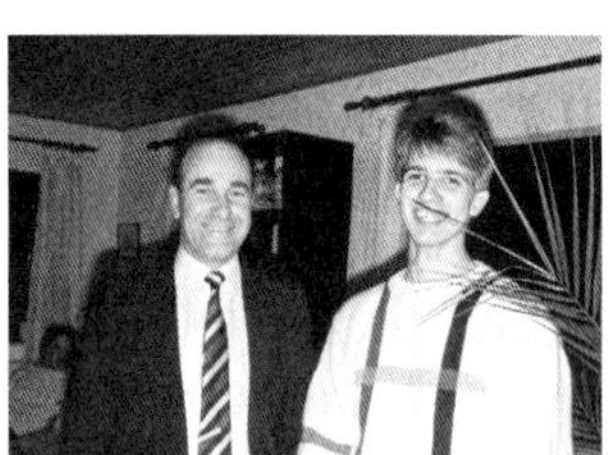

So wurde das Stricken zu meiner Leidenschaft und zu meinem Leben. Heute glaube ich, dass dem Stricken eine besondere Bedeutung zukommt. Wir leben in einer Zeit, in der wir problemlos billige Kleidung und Lebensmittel aus der Massenproduktion kaufen können. Aber wenn wir alle immer nur das Gleiche anziehen wie alle anderen und nur noch essen, was in irgendeiner Fabrik hergestellt wurde, können wir dann überhaupt noch von einer individuellen Lebensweise sprechen?

Mit den Socken ist es nicht anders. Maschinengestrickte Socken sind überall billig zu haben, aber wenn wir uns ein besonderes Paar wünschen, das sonst niemand hat, geht nichts über Selbstgestricktes. Von Hand hergestellte Dinge, in die wir Zeit und Mühe investieren und unsere Seele hineinlegen, sind in der heutigen Zeit meiner Meinung nach die neuen Luxusgüter. Handgefertigte Dinge bereichern unser Leben. Jedes selbst gestrickte Paar Socken ist ein kleines Kunstwerk. Ein einzigartiges Strickstück, etwas Individuelles, das wir am Körper tragen können, ist einfach durch nichts zu ersetzen.

Früher war ich Angestellter in einer Firma. Damals war das Stricken mein größtes Hobby, und seit meiner Kindheit war die Zeit, die ich mit Stricken verbrachte, für mich immer etwas Besonderes. An einem dieser Stricktage dachte ich einmal ausgiebig über mein Leben nach. Ich fragte mich: Womit möchte ich meine wertvolle Lebenszeit am liebsten verbringen? Da wir ja nur einmal leben, sollten wir da nicht für das leben, was wir am liebsten tun? Sollten wir nicht unsere wertvolle Zeit in unsere wahren Leidenschaften investieren? Meine Antwort auf diese Fragen, die ich mir selbst stellte, lautete: „Ich möchte stricken.“ Mein größter Wunsch war es, Dinge herzustellen und ein kreatives Leben zu führen.

Ich reduzierte also meine Arbeitszeit, besuchte eine japanische Strickschule, um den japanischen Strickstil besser zu verstehen, und ordnete mein Leben so, dass das Stricken immer mehr Raum einnahm.

Heute habe ich das Glück, in zahlreichen Kursen meinen Schülerinnen und Schülern die Freude am Stricken nahebringen zu dürfen, mit dem Schwerpunkt auf Techniken und Mustern, die sich außerhalb Japans besonderer Beliebtheit erfreuen. Es gibt inzwischen sogar Stricksets mit meinem Namen darauf zu kaufen! Da ich immer wieder auf neue Ideen komme, wird die Liste mit den Strickprojekten immer länger. Ich wünsche mir ständig, noch mehr Zeit zum Stricken zu haben. An den Tagen, an denen ich mich ganz in diese Arbeit vertiefen kann, führe ich genau das Leben, das mir am meisten entspricht und das ich mir immer gewünscht habe. Stricken ist Zauberei. Ich bin von Herzen dankbar, dass ich es für mich entdeckt habe.

Ich hoffe, es ist mir in diesem Buch gelungen, meine grenzenlose Freude am Stricken mit meinen Lesern zu teilen.

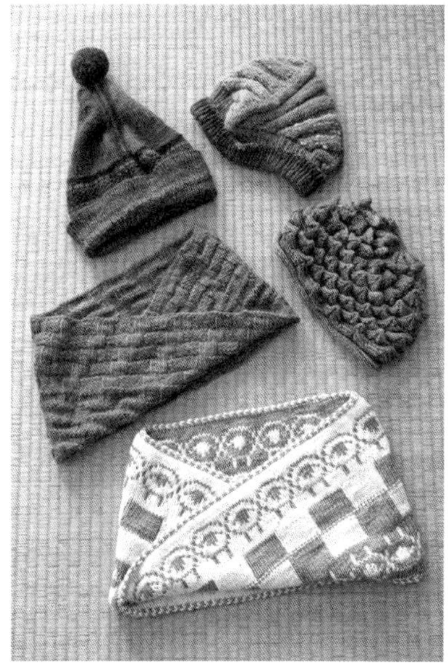

Halswärmer und Mützen
Ich denke mir dauernd neue Strickweisen und Modelle aus. Hier habe ich Lampenschirme gestrickt. Stricken bietet unbegrenzte Möglichkeiten!

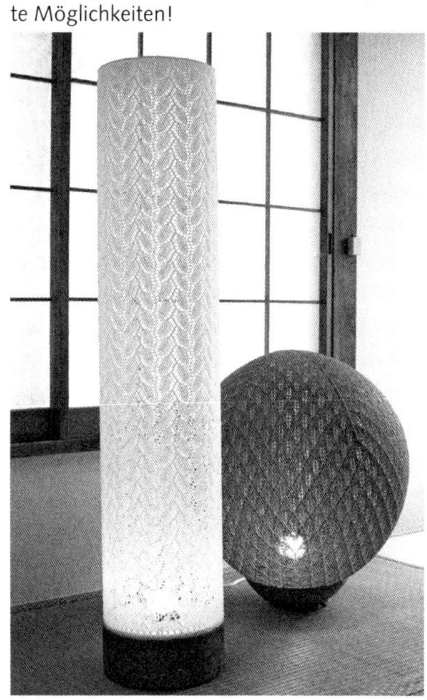

Basic Spiral Einfache Spiralsocken → Abb. Seite 18/19

Wolle: Nr. 1: Opal Hundertwasser 2 (2101), 55 g
Nr. 2: Opal Hundertwasser 2 (2101), 25 g
Nr. 3: Schoppel Crazy Zauberball (1153-1701), 55 g
Nr. 4: Naito Shoji Hamburg (974), 95 g
Nadeln: Nadelspiel Stärke 3
Zubehör: Rundenmarkierer, Wollnadel
Maße: Länge Nr. 1: 32 cm, Länge Nr. 2: 21 cm, Länge Nr. 3: 36 cm, Länge Nr. 4: 44 cm

Strickanleitung
Die detaillierte Anleitung finden Sie auf Seite 14–17.

Nr. 1 • 3

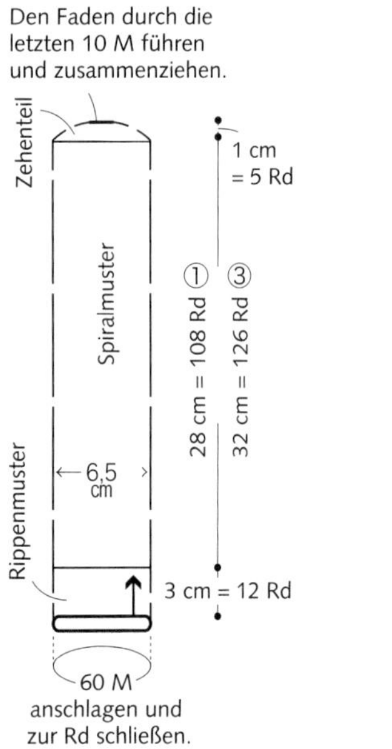

*Zahlen im Kreis = Modellnummern

Nr. 2

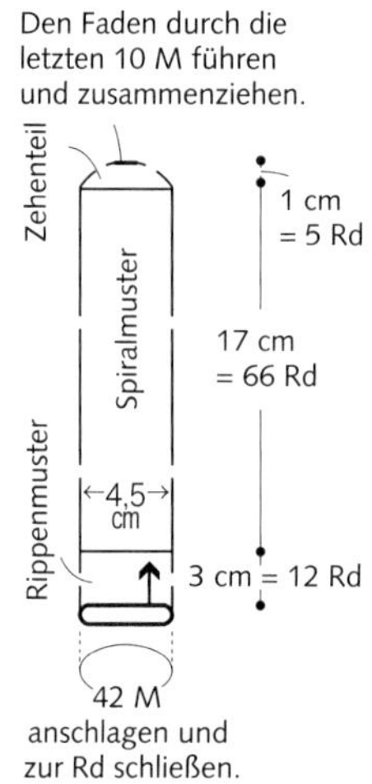

Nr. 4

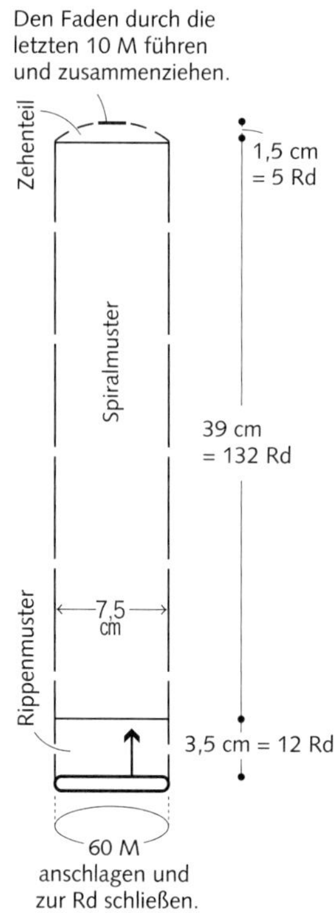

Golf Club Cover Golfschlägerhülle

→ Abb. Seite 62

Wolle: Nr. 38: Schoppel Crazy Zauberball (1153-1702), 60 g
Nr. 39: Schoppel Crazy Zauberball (1153-1702), 35 g
Nadeln: Nadelspiel Stärke 3
Zubehör: Rundenmarkierer, Wollnadel
Maße: Länge Nr. 38: 32 cm, Länge Nr. 39: 34 cm

Strickanleitung (siehe S. 14–17)

Nr. 38 mit Rollrand (S. 21)
60 M anschlagen und zur Runde schließen, 12 Rd glatt re stricken. Anschließend immer 4 M re, 2 M li im Wechsel stricken und mit Spiralmuster und Zehenteil fortfahren. Die zweite Hülle auf dieselbe Weise stricken.

Nr. 39
60 M anschlagen und zur Rd schließen, 12 Rd im Rippenmuster stricken (4 M re, 2 M li im Wechsel). Anschließend mit 1 M li anfangen und im Spiralmuster fortfahren. Die Spitze wie das Zehenteil der Spiralsocken stricken. Eine Bommel von 2 cm Durchmesser anfertigen (siehe S. 54) und befestigen.

Nr. 38

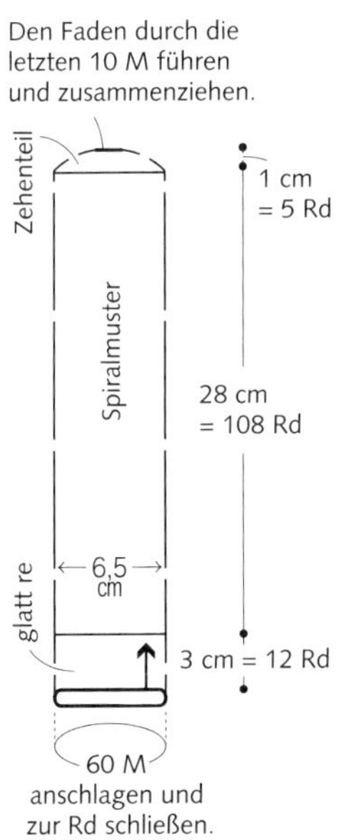

Nr. 39

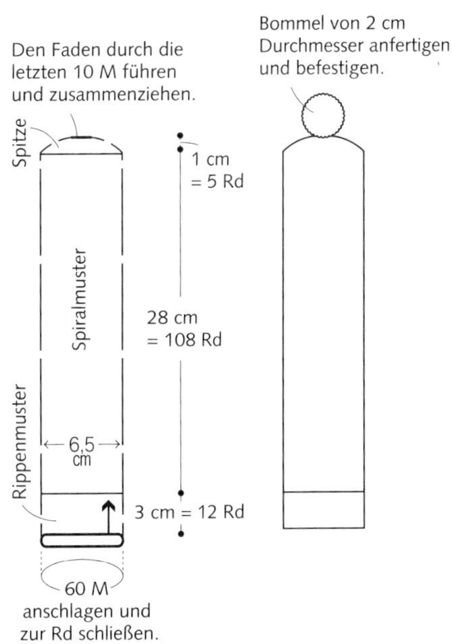

Frill Socken mit Umschlagbündchen im Rüschenmuster → Abb. Seite 30

Wolle: Nr. 13: Schoppel Crazy Zauberball (1153-2254), 95 g
Nadeln: Nadelspiel Stärke 3
Zubehör: Rundenmarkierer, Wollnadel
Maße: Länge 52 cm (umgeschlagen 49 cm)

Strickanleitung (siehe S. 14–17)
100 M anschlagen und zur Rd schließen, 10 Rd im umgekehrten Rüschenmuster (8 M li, 2 M re im Wechsel) stricken, damit das Muster nach dem Umschlagen richtig herum erscheint. In der 11. Rd auf 60 M abnehmen, wie im Strickdiagramm angegeben, in der 12. Rd alle M re stricken, um das Umschlagen zu erleichtern. Anschließend immer 4 M re, 2 M li im Wechsel stricken und nach dem Diagramm mit Spiralmuster und Zehenteil fortfahren. Die zweite Socke auf dieselbe Weise stricken.

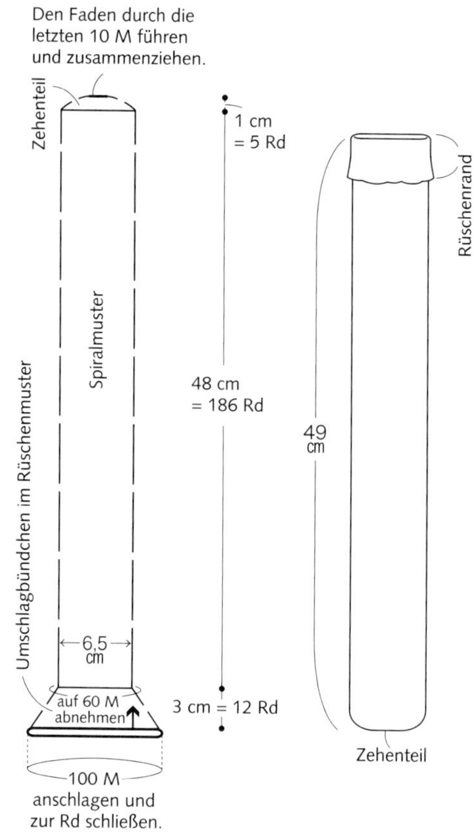

Strickdiagramm „Socken mit Umschlagbündchen im Rüschenmuster“

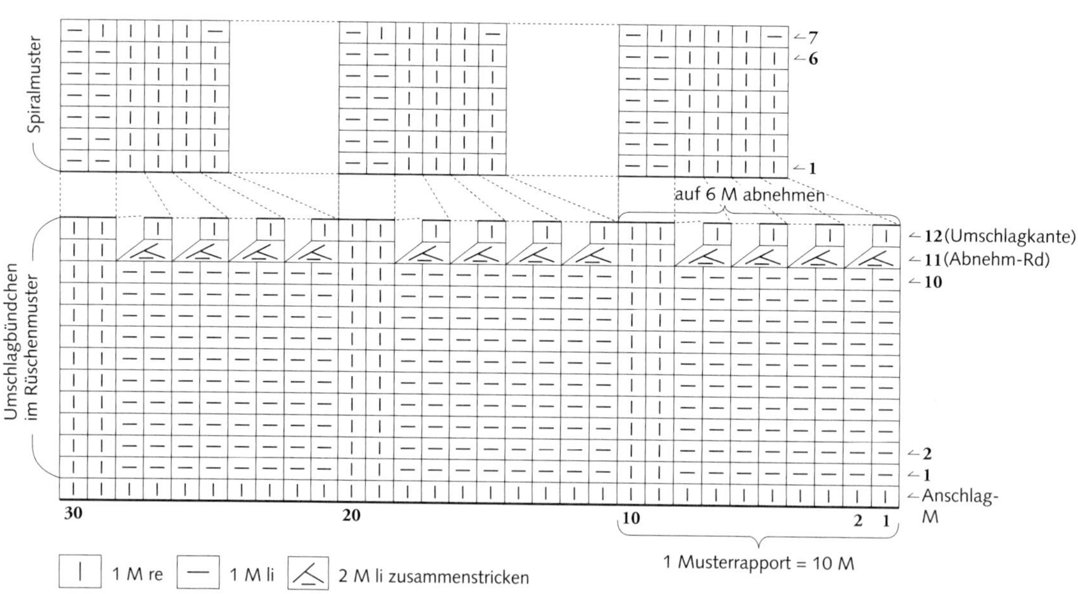

Border Socks

Streifensocken und Streifenmütze

→ Abb. Seite 52/53

Wolle: Nr. 31: Schoppel Admiral Hellblau (1566-5011), 25 g; Blau (1566-4401), 30 g
Nr. 32: Schoppel Admiral Hellblau (1566-5011), 55 g; Blau (1566-4401), 40 g
Nr. 33: Schoppel Admiral Hellblau (1566-5011), 30 g; Blau (1566-4401), 25 g
Nadeln: Nadelspiel Stärke 3
Zubehör: Rundenmarkierer, Wollnadel
Maße: Länge Nr. 31: 22 cm, Länge Nr. 32: 34 cm, Länge Nr. 33: 34 cm

Strickanleitung (siehe S. 14–17)
Beim gestreiften Spiralmuster wird passend zum Spiralverlauf alle 6 Rd die Farbe gewechselt. Den Faden der gerade nicht benötigten Farbe dabei nicht abschneiden und beim nächsten Farbwechsel nach oben holen; dabei darauf achten, dass er nicht spannt. Jeweils nach weiteren 6 Rd die Farbe wieder wechseln.

Mütze (Nr. 31) mit Rollrand (S. 21)
Mit Blau 120 M anschlagen und zur Rd schließen, 12 Rd glatt re stricken. Zu Hellblau wechseln und im gestreiften Spiralmuster (4 M re, 2 M li im Wechsel) fortfahren. Für die obere Rundung der Mütze in Hellblau wie bei der Mütze auf Seite 51 über 11 Rd Abnahmen stricken. Den Faden durch die letzten 10 M führen und zuziehen. Aus der blauen Wolle eine Bommel anfertigen (siehe S. 54) und befestigen.

Nr. 32 und 33 werden wie einfache Spiralsocken gestrickt. Bei den Kindersocken (Nr. 33) verringert sich die Anzahl der Anschlag-M auf 42.

Für Nr. 32 in Blau 60 M, für Nr. 33 in Hellblau 42 M anschlagen und zur Rd schließen, 12 Rd im Rippenmuster (4 M re, 2 M li im Wechsel) stricken. Für Nr. 32 zu Hellblau, für Nr. 33 zu Blau wechseln, mit 1 M li anfangen und im gestreiften Spiralmuster fortfahren. Das Zehenteil in Hellblau stricken. Die zweite Socke auf dieselbe Weise stricken.

Nr. 31

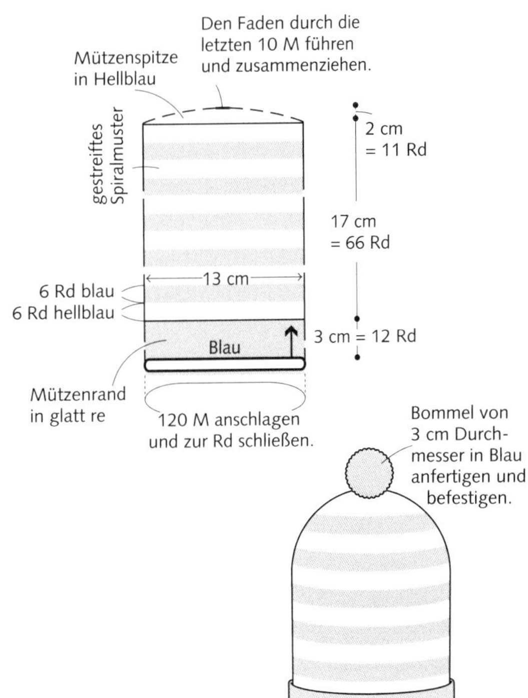

Nr. 32

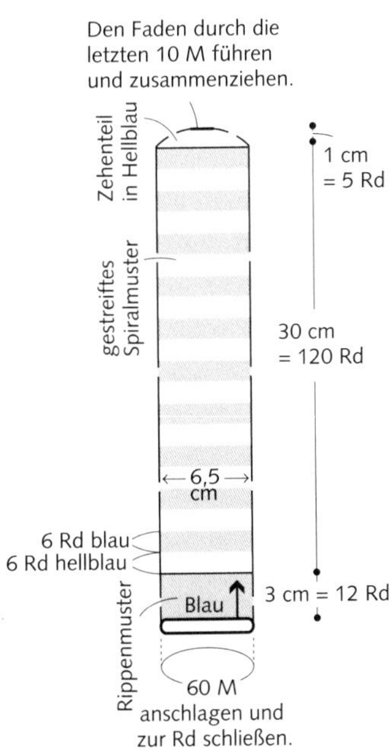

Nr. 33

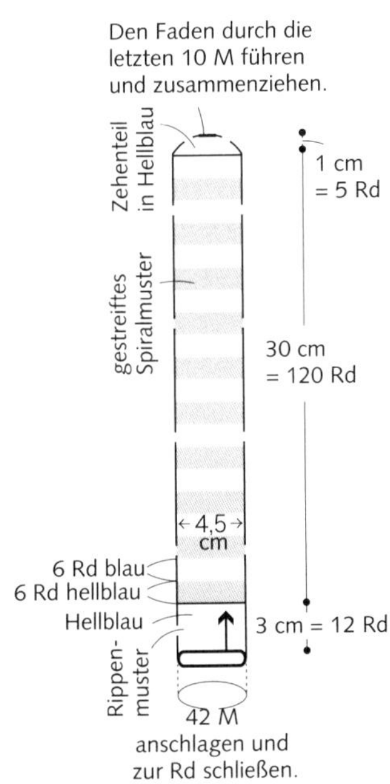

Lace socks

Socken mit Spitzen-Spiralmuster aus Bio-Baumwolle

→ Abb. Seite 59

Wolle (Nr. 36): Pristine Yarn Ball Supima Peach Kimo (5523161), 100 g
Nadeln: Nadelspiel Stärke 3
Zubehör: Rundenmarkierer, Wollnadel
Maße: Länge 41 cm

Strickanleitung (siehe S. 14–17)
60 M anschlagen und zur Rd schließen und über 18 Rd im Spitzenmuster stricken, wie im Diagramm angegeben. Anschließend im Spitzen-Spiralmuster fortfahren (siehe Diagramm). Das Zehenteil wie bei den einfachen Spiralsocken stricken. Die zweite Socke auf dieselbe Weise anfertigen.

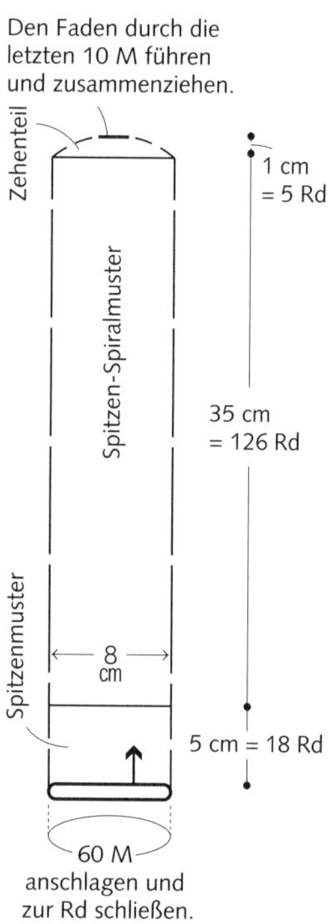

Strickdiagramm „Socken mit Spitzen-Spiralmuster"

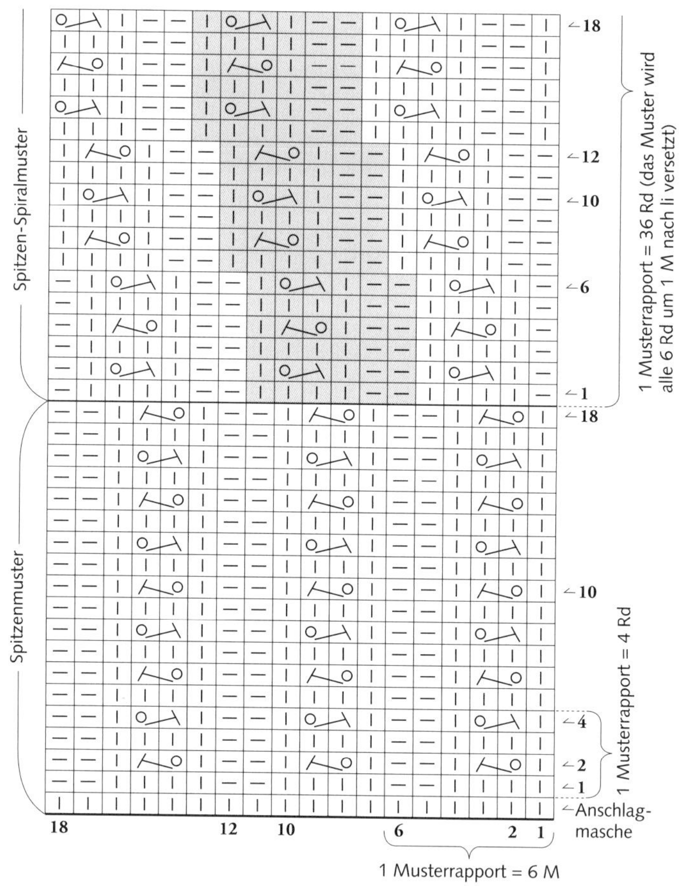

| 1 M re — 1 M li ○ 1 Umschlag
2 M re zusammenstricken
2 M überzogen re zusammenstricken

Cable Socks

Socken mit Zopfmuster-bündchen aus Bio-Baumwolle

→ Abb. Seite 59

Wolle: Nr. 37 Pristine Yarn Ball Supima Peach Kimo (5523161), 100 g
Nadeln: Nadelspiel Stärke 3
Zubehör: Zopfmusternadel, Rundenmarkierer, Wollnadel
Maße: Länge 48 cm

Strickanleitung (siehe S. 14–17)
60 M anschlagen und zur Rd schließen, 18 Rd im Zopfmuster stricken. Anschließend mit 1 M li anfangen und mit Spiralmuster und Zehenteil fortfahren. Die zweite Socke auf dieselbe Weise stricken.

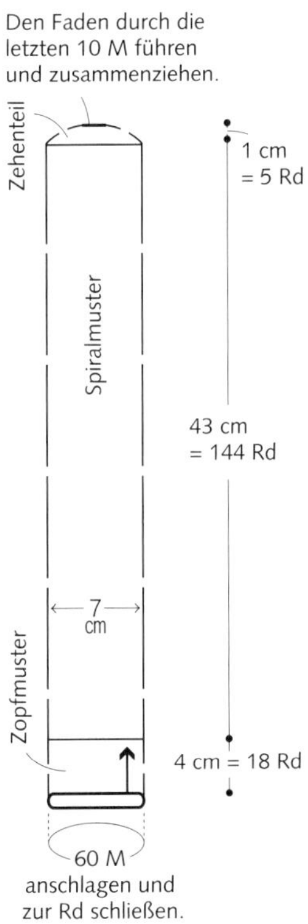

Strickdiagramm „Socken mit Zopfmusterbündchen"

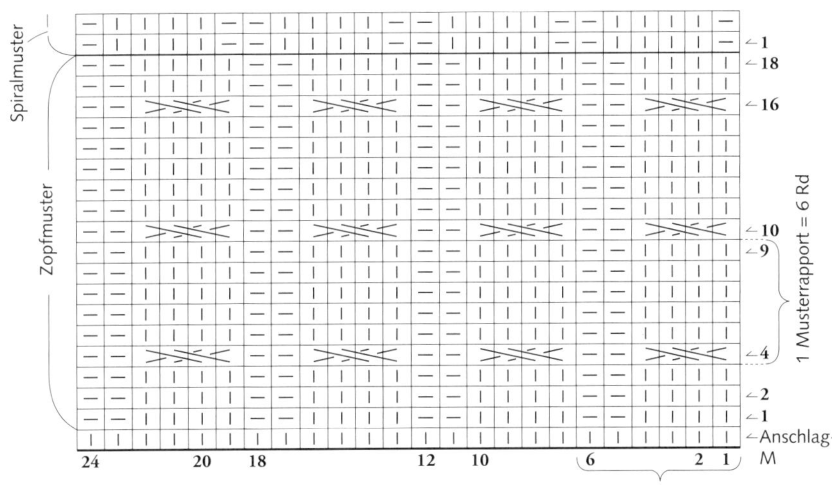

| 1 M re | — 1 M li | 2 M nach li verkreuzen

Anleitungen: Legendensymbole

Wenn Sie diese wenigen Techniken beherrschen, können Sie alle in diesem Buch vorgestellten Socken stricken. Aber auch mit rechten und linken Maschen allein lassen sich schon einfache Spiralsocken und andere Strickstücke anfertigen.

1 M re | **|** |

1

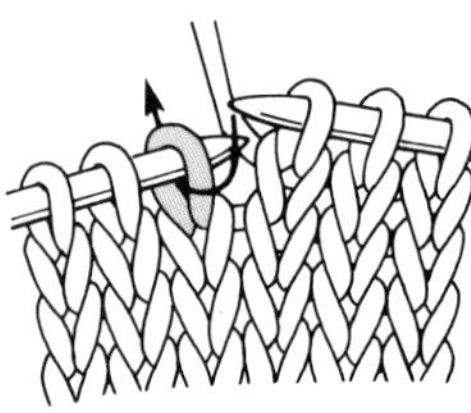

1. Den Faden hinter die Arbeit legen und mit der rechten Nadel in Pfeilrichtung in die Masche stechen.

2

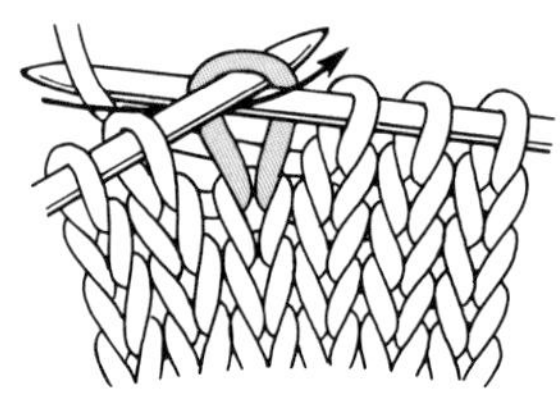

2. Den Faden um die rechte Nadel legen und nach vorn holen.

3

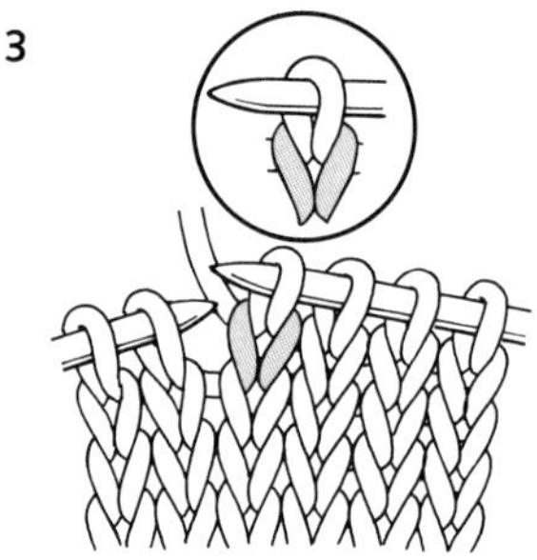

3. Die rechte Masche wird 1 Reihe tiefer (unter der neuen Masche auf der Nadel) sichtbar.

1 M li | **—** |

1

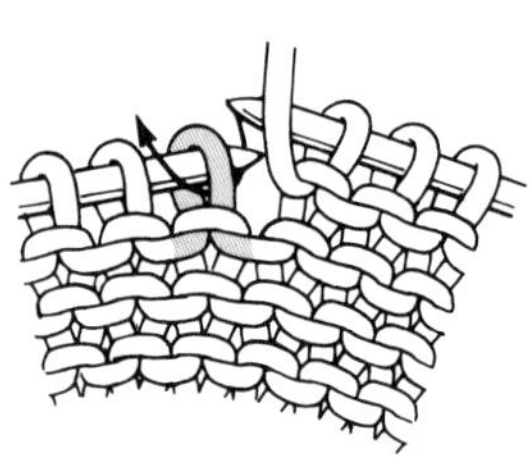

1. Den Faden vor die Arbeit legen und mit der rechten Nadel in Pfeilrichtung in die Masche stechen.

2

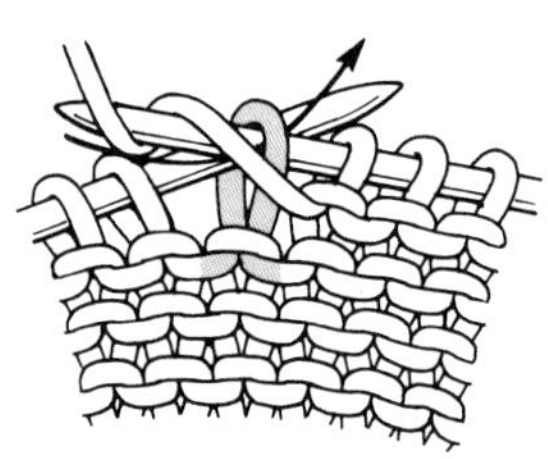

2. Den Faden um die rechte Nadel legen und von vorn nach hinten durch die Masche ziehen.

3

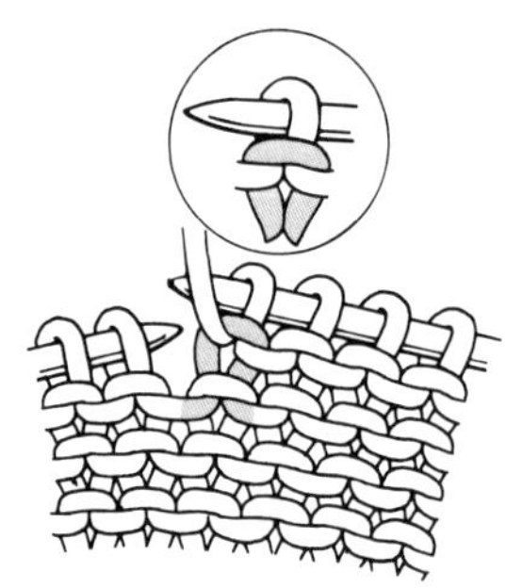

3. Die linke Masche wird 1 Reihe tiefer (unter der neuen Masche auf der Nadel) sichtbar.

1 M re verschränkt zunehmen

1

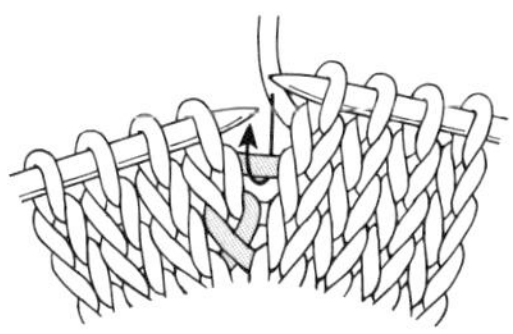

1. Mit der rechten Nadel in Pfeilrichtung durch den Faden zwischen 2 Maschen stechen.

2

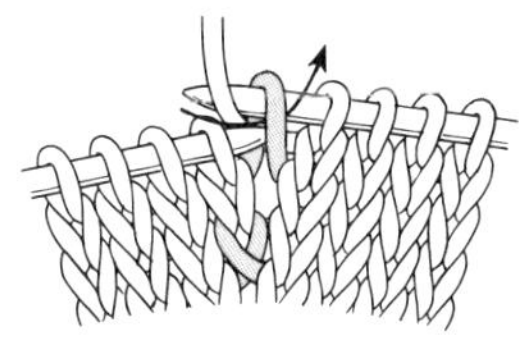

2. Den Faden mit der rechten Nadel holen und den aufgenommenen Faden abstricken.

3

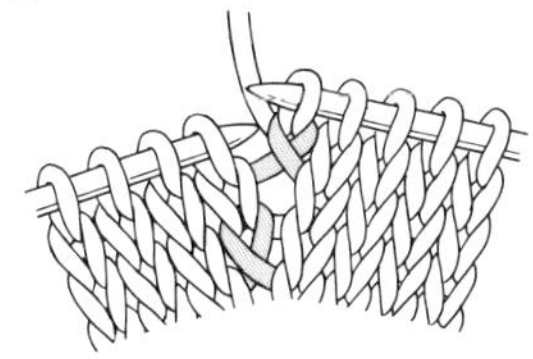

3. Der aufgenommene Faden ist nun verdreht, und es liegt 1 Masche mehr auf der Nadel.

Umschlag

1

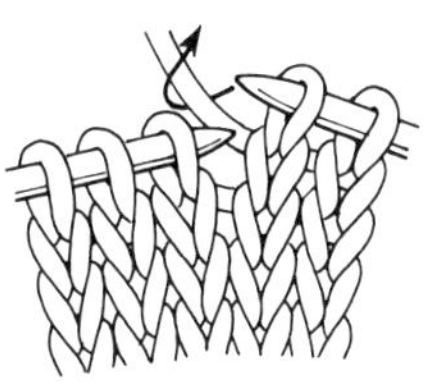

1. Mit der rechten Nadel von hinten unter den Faden gehen und diesen aufnehmen.

2

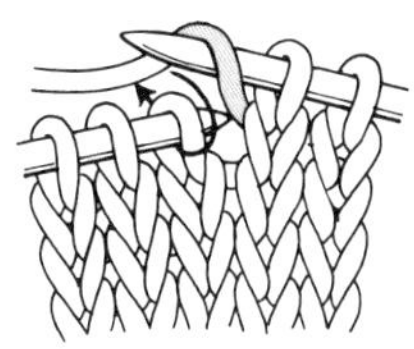

2. Die folgende Masche stricken, ohne den Faden wieder von der Nadel gleiten zu lassen.

3

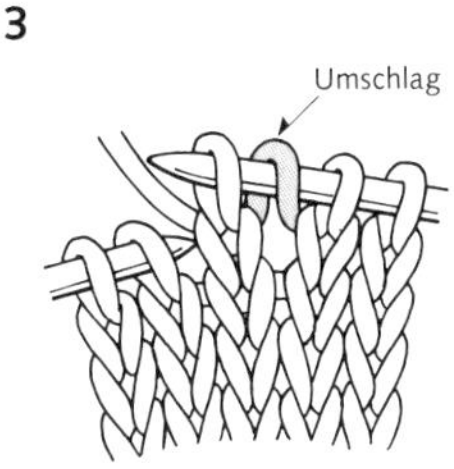

3. Zwischen den beiden abgestrickten Maschen liegt nun ein Umschlag auf der rechten Nadel.

4

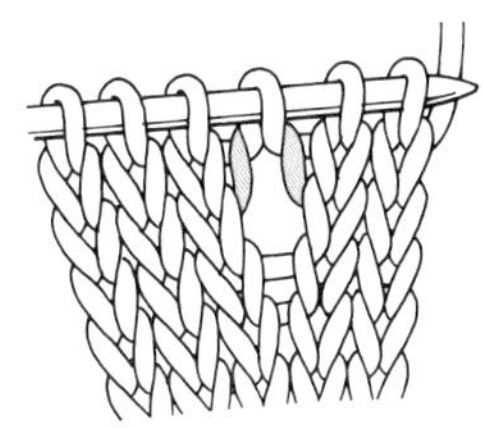

4. Beim Abstricken des Umschlags in der nächsten Runde entsteht ein Loch.

1 M re abheben

1

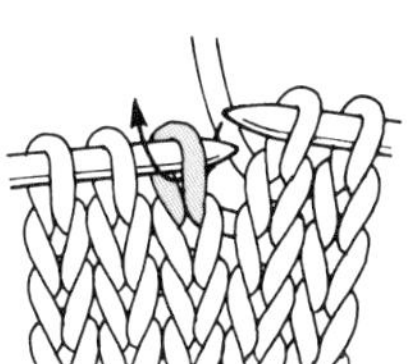

1. Den Faden hinter die Arbeit legen, mit der rechten Nadel in Pfeilrichtung in die Masche stechen und diese auf die Nadel nehmen, ohne sie abzustricken.

2

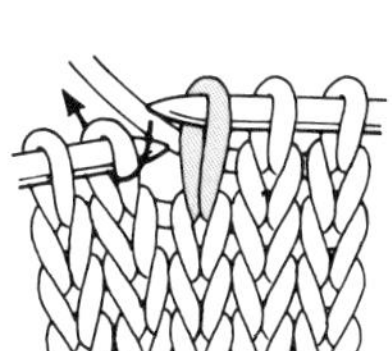

2. Ab der nächsten Masche wieder glatt rechts stricken (bzw. wie im Strickdiagramm angegeben).

3

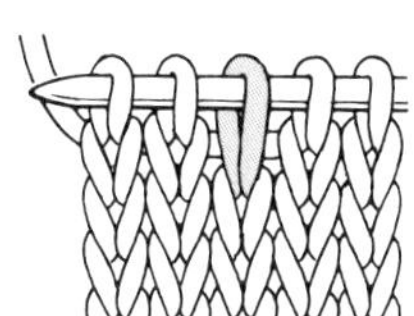

3. Die Masche aus der Runde darunter liegt nun auf der rechten Nadel, der Faden läuft hinter der Arbeit mit.

4

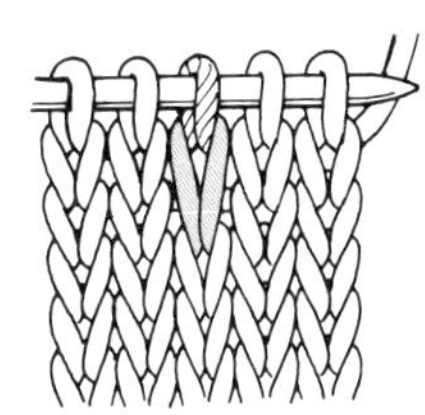

4. In der nächsten Runde die abgehobene Masche rechts abstricken.

2 M re zusammenstricken 

1

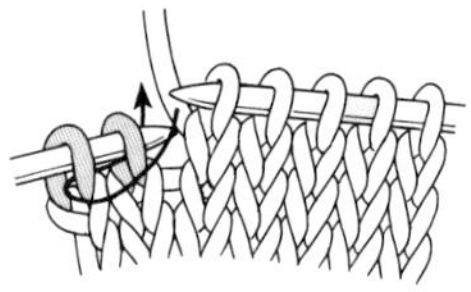

1. Mit der rechten Nadel von vorn durch 2 Maschen gleichzeitig stechen.

2

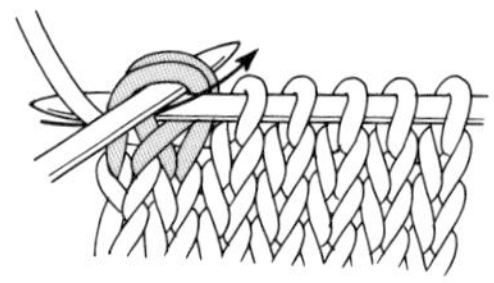

2. Beide Maschen zusammen rechts abstricken.

3

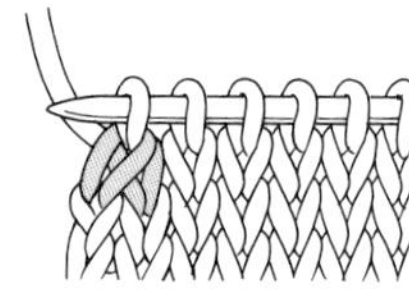

3. In der Runde darunter liegt nun die linke Masche über der rechten.

2 M überzogen re zusammenstricken 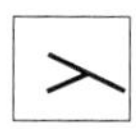

1

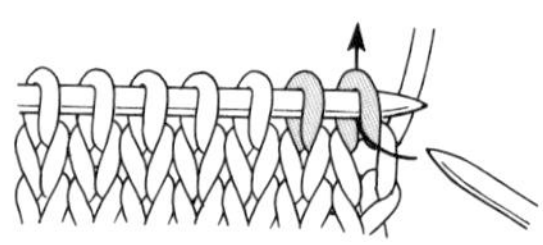

1. Mit der rechten Nadel von vorn in die erste Masche stechen und diese abheben, ohne sie abzustricken.

2

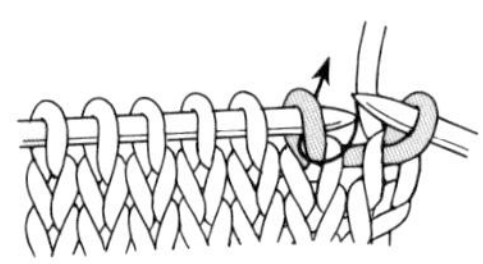

2. Die folgende Masche rechts abstricken.

3

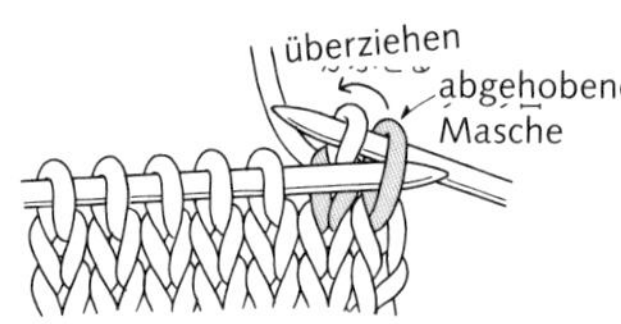

3. Die linke Nadel wie auf der Abbildung in die abgehobene Masche stechen und diese über die zweite Masche ziehen.

4

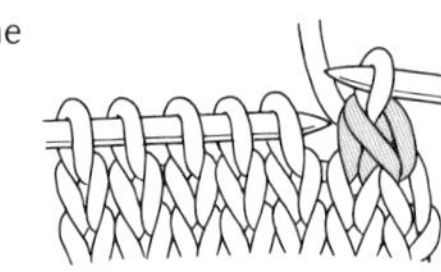

4. In der Runde darunter liegt nun die rechte Masche über der linken.

2 M li zusammenstricken 

1

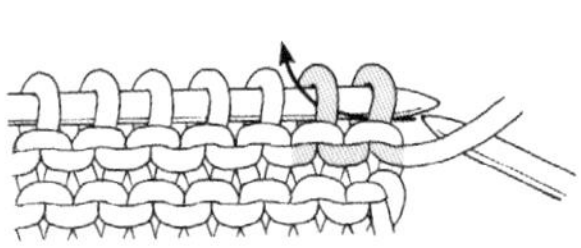

1. Mit der rechten Nadel von hinten durch 2 Maschen gleichzeitig stechen.

2

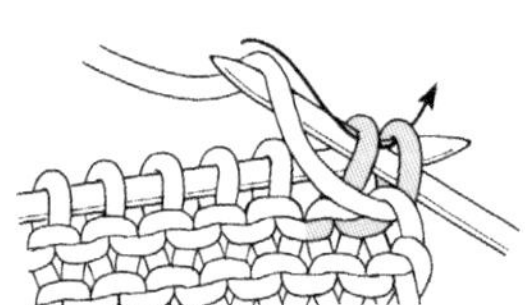

2. Beide Maschen zusammen links abstricken.

3

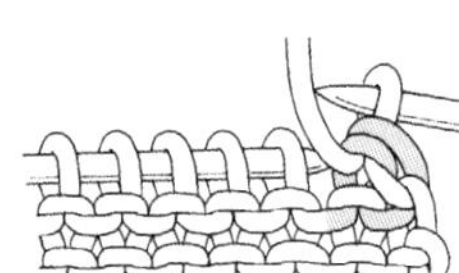

3. In der Runde darunter liegt nun die linke Masche über der rechten.

2 M nach li verkreuzen 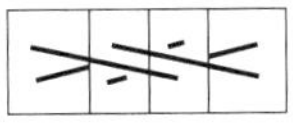

1

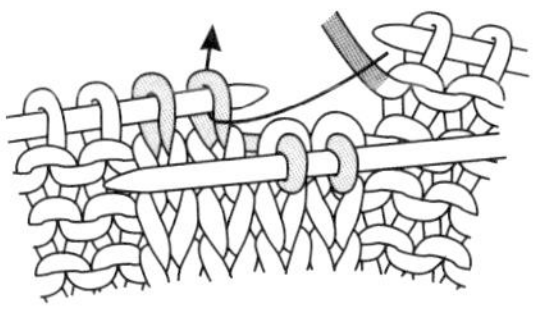

1. 2 Maschen auf einer Hilfsnadel (z.B. Zopfmusternadel) vor die Arbeit legen und die nächsten beiden Maschen rechts abstricken.

2

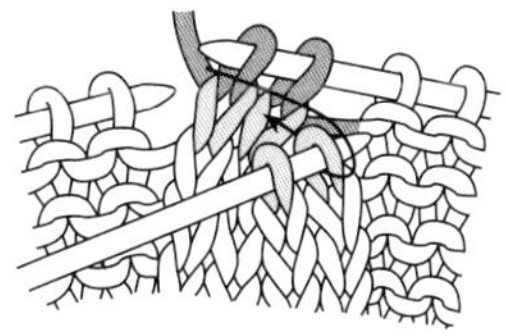

2. Die Maschen von der Hilfsnadel rechts abstricken.

3 M aus 1 M re herausstricken 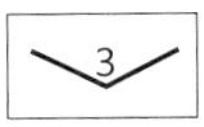

1

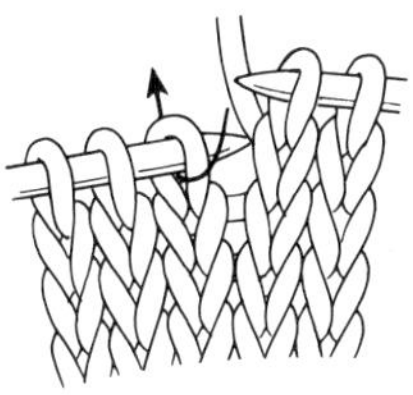

1. 1 Masche rechts stricken.

2

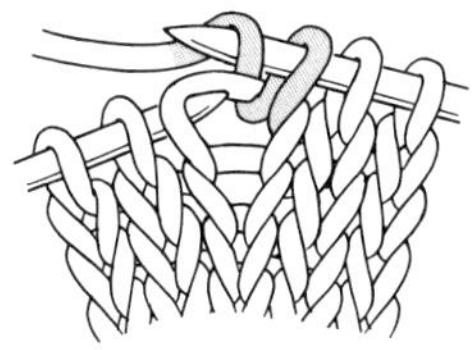

2. Ohne die Masche von der linken Nadel gleiten zu lassen, 1 Umschlag aufnehmen und erneut dieselbe Masche rechts stricken.

3

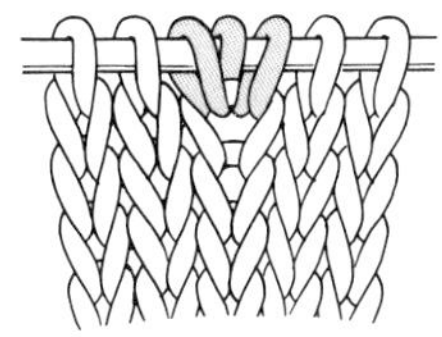

3. Nun sind 3 herausgestrickte Maschen zu sehen, die nächsten beiden Maschen wurden hier rechts abgestrickt.

3 M überzogen re zusammenstricken 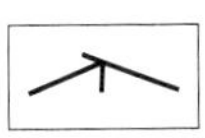

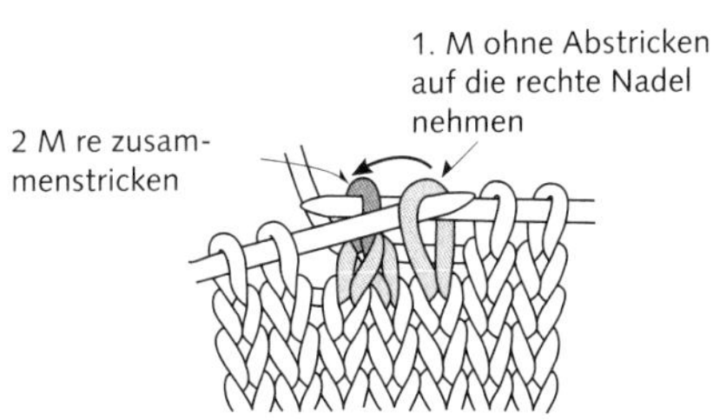

Die erste Masche auf die rechte Nadel nehmen, ohne sie abzustricken. Die nächsten beiden Maschen rechts zusammenstricken, dann die linke Nadel in die abgehobene Masche stechen und über die Masche links daneben ziehen.

Danksagung

Es hat mir viel Spaß gemacht, an diesem Buch zu arbeiten.

Ich möchte mich an dieser Stelle ganz herzlich bei allen bedanken, die mitgeholfen haben, diese Buch zu ermöglichen.

Mein Dank gilt auch denen, die viele der hier gezeigten Modelle gestrickt haben. Ihr seid klasse.

Vielen Dank (in alphabetischer Reihenfolge) daher an: Akiko Akiba, Michiko Antoku, Yumiko Aoki, Ayu Tada, Keiko Goto, Yoko Itagaki, Yukiko Kisaki, Hisako Koeda, Hiromi Imori, Hiroko Komuro, Keiko Kosaka, Kyoko Okada, Masumi, Kahoko Murakami, Risa Nakakoshi, Shinobu Sugiuchi, Teruko Nakamura, Keiko Nakata, Tamaki Takagi, Shoko Takeuchi, Yaeko Yamashita, und Chigaya Yokoyama.

Vielen Dank auch an meine Mutter, die über viele Jahre Fotos von mir gemacht und bis heute gut aufbewahrt hat.

Bernd Kestler

Abkürzungen

M = Masche
li = links
re = rechts
R = Reihe
Rd = Runde

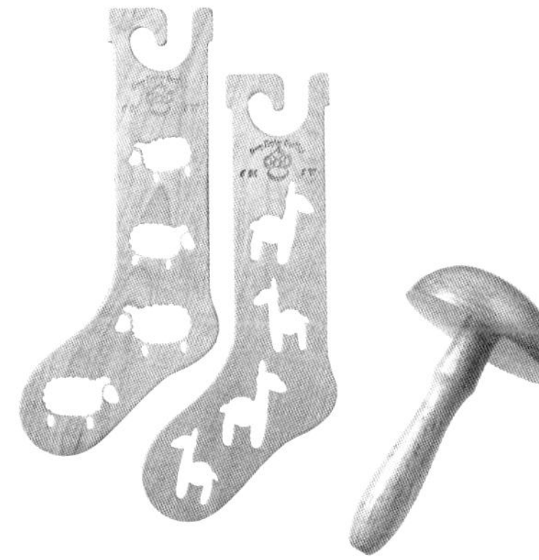

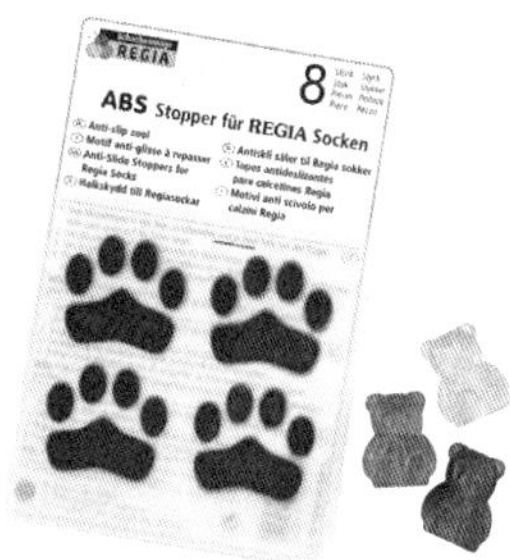

Bezugsquellen

Schoppel – Hohenloher Wolle GmbH
Triftshäuser Str. 5
74599 Wallhausen
https://www.schoppel-wolle.de

Schoppel-Fachhändler:

www.alles-aussergewoehnlich.com

www.die-maschen-zum-glueck.de

www.die-wolllust.de

www.feine-garne.de

www.la-volotte.de/

www.mylys.de

www.wolleria-berlin.de

www.wollstudio-laim.de

www.wolleundschoenes.de/

Sockenstopper:

www.basteln-de.buttinette.com/shop/start

www.naehwelt-flach.de

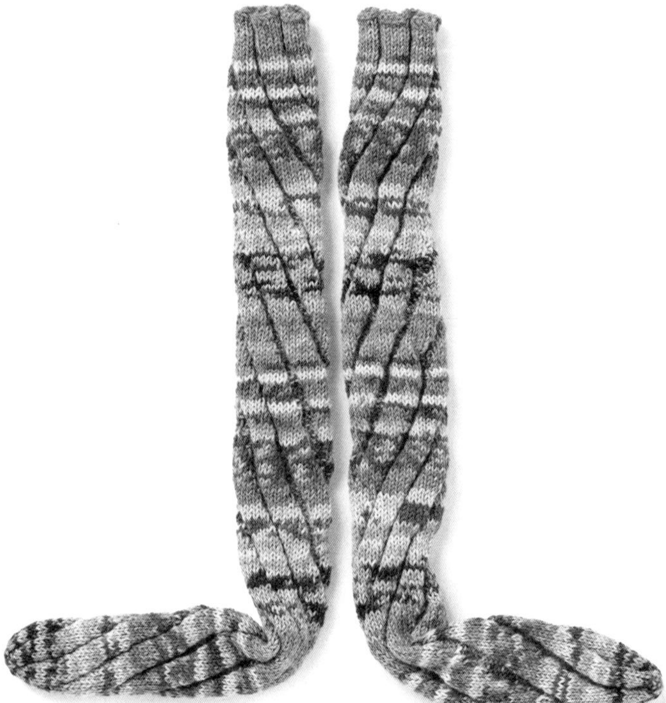

Happy Knitting :)

BERND KESTLER'S SPIRAL SOCKS by Bernd Kestler

Original Japanese edition published by SEKAI BUNKA PUBLISHING INC.
This German edition is published by arrangement with SEKAI BUNKA PUBLISHING INC., Tokyo
in care of Tuttle-Mori Agency, Inc., Tokio
Verantwortlich in Japan:
Fotografie: Ryuichiro Sato
Lektoratassistenz: Motoko Souma
Layout: Tomoko Nawata (L'espace)
Übersetzung: Nancy Nishikikoji
Strickcharts: Yasuyo Numamoto
Illustrationen: Little Bird
Styling: Yoko Ikemizu
Models: Itsuki Fukuda, Oana Aimi Yoshizawa, Takumi Inoue
Kooperation mit dem Deutschen Sprachkolleg Heidelberg
Lektorat: Sohbi Iida

Aus dem Japanischen von der MCS Schabert GmbH, München, www.mcs-schabert.de, unter Mitarbeit von Susanne Schmidt-Wussow (Übersetzung).

Bibliografische Information der Deutschen Nationalbibliothek
Die Deutsche Nationalbibliothek verzeichnet diese Publikation in der Deutschen Nationalbibliografie; detaillierte bibliografische Daten sind im Internet über http://dnb.dnb.de abrufbar.

2., durchgesehene Neuauflage 2021

Printed in the EU

www.stiebner.com

ISBN: 978-3-8307-2057-7

Wir produzieren unsere Bücher mit großer Sorgfalt und Genauigkeit. Trotzdem lässt es sich nicht ausschließen, dass uns in Einzelfällen Fehler passieren. Unter www.stiebner.com/errata/2057-7.html finden Sie eventuelle Hinweise und Korrekturen zu diesem Titel. Möglicherweise sind die Korrekturen in Ihrer Ausgabe bereits ausgeführt, da wir vor jeder neuen Auflage bekannte Fehler korrigieren. Sollten Sie in diesem Buch einen Fehler finden, so bitten wir um einen Hinweis an verlag@stiebner.com. Für solche Hinweise sind wir sehr dankbar, denn sie helfen uns, unsere Bücher zu verbessern.